Marc A. Pletzer

DIE ERFOLGS ILLUSION

Das AHA-Buch für ein glückliches und erfolgreiches Leben

Bibliografische Information der Deutschen Nationalbibliothek
Die Deutsche Nationalbibliothek verzeichnet diese Publikation in der Deutschen
Nationalbibliografie; detaillierte bibliografische Daten sind im Internet über
https://dnb.d-nb.de abrufbar.

Marc A. Pletzer
DIE **ERFOLGS**ILLUSION
© 2023

Verlag: Marcs kleine Welt GmbH, Bahnhofstraße 17, D-82327 Tutzing, Deutschland
www.marcskleinewelt.de

Covergestaltung: Marcs kleine Welt GmbH, www.marcskleinewelt.de
Satz/Layout: Marcs kleine Welt GmbH, www.marcskleinewelt.de
Korrektorat: TIESLED Satz & Service, Köln
Herstellung: CPI books GmbH, Leck, www.cpi-print.de

Printed in Germany

www.marcskleinewelt.de

ISBN Softcover: 978-3-949179-02-0

Inhalt

1. Einleitung: Willkommen im Club der ganz normalen Menschen

Das war heute Morgen mal wieder eine typische Szene, typisch für mich, typisch für die Menschen und typisch für das, was ich immer wieder erlebe, seitdem ich aus dem Tiefschlaf des normalen Lebens aufgewacht bin. Ich bin gerade in einem Hotel in Florida, in dem das Frühstück im Hotelpreis enthalten ist.

In solchen Hotels gibt es Waffelmaschinen, die unseren normalen Waffeleisen sehr ähnlich sind, allerdings mit einem entscheidenden Unterschied: Nachdem man den Teig in dieses Waffeleisen hineingegossen und den Deckel zugeklappt hat, muss man es umdrehen. Damit verteilt sich logischerweise der Teig besser.

Doch das verpassen viele Gäste, die diese Maschinen zum ersten Mal sehen. Deshalb hat sich der Erfinder des drehbaren Waffeleisens etwas ausgedacht: Wird nur der Teig eingefüllt und der Deckel geschlossen, ertönt ein Warnton, der im Abstand von zwei Sekunden wiederholt wird. Also der Hinweis der Maschine: „Dreh mich bitte noch um, damit ich richtig funktionieren kann."

Hier ist nun die typische Szene, die ich auch heute Morgen wieder einmal erleben durfte: Ein Mann füllt den Teig ein, schließt den Deckel, der Warnton ertönt und – nichts passiert. Der Mann steht daneben, alle Gäste sind von dem wirklich schrillen Ton genervt. Er schaut in der Gegend herum, auch wenn er der einzige Gast in diesem Bereich ist und der Warnton auch erst dann ertönte, als er das Waffeleisen geschlossen hat. Es piept und piept und piept weiter. Er ignoriert es einfach.

Wo schauen wir nicht hin?

Ich hatte mich an diesem Morgen gefragt, wie ich dieses Buch am besten anfange. Schließlich sollen es Menschen lesen, die ein ganz normales Leben haben, vielleicht mit einer Familie, vielleicht als Single. Viele haben einen tollen Beruf, verdienen gutes Geld und haben Freunde, sind also aus gesellschaftlicher Sicht auf einem ganz hervorragenden Weg. Wäre da nicht eine innere Unzufriedenheit, die viele Menschen allerdings einfach unterdrücken, um sie nicht spüren zu müssen. Bei anderen spielt die Gesundheit nicht mit, wieder andere sind unglücklich als Single oder finden keine Stelle, an der sie gerne sind und ihre Erfüllung finden. Das alles sind Kennzeichen, dass etwas nicht stimmt im eigenen Leben, es sind Warnsignale, die man natürlich überhören und einfach so weitermachen kann wie bisher.

Doch eines Tages geht es dann nicht mehr so weiter oder der eine oder andere von uns weiß das schon länger, dass es so nicht weitergehen darf. Nach außen hin passt alles, nur innendrin passt es immer weniger. Der eine wird traurig und depressiv, sodass vielleicht sogar die eigene Familie zu einer Therapie rät, weil irgendwas nicht stimmt. Andere fangen an, nach einer Lösung zu suchen, obwohl sie gar nicht so genau wissen, was diese Lösung sein soll. Wieder andere halten einfach durch, überleben mehr, als dass sie wirklich aktive Gestalter des eigenen Lebens wären. Das alles sind nur verschiedene Verhaltensweisen, Reaktionen auf das, was ich hier einfach mal „innere Unzufriedenheit" nennen möchte.

Es geht uns gut

Sind das nun alles Luxusprobleme, die nur daher kommen, dass wir zu viel Geld und zu viel Zeit haben? Das könnte man auf den ersten Blick meinen und viele Menschen, die ein Seminar bei mir besuchen, gehen entsprechend hart mit sich ins Gericht. „Mir geht es eigentlich gut, ich lebe in einer Beziehung, habe einen tollen Beruf und verdiene gutes Geld. Aber ich fühle mich leer und ausgebrannt, kann mich immer weniger aufraffen, etwas zu tun. Meine Partnerin ist schon richtig sauer auf mich, weil ich immer nur vor dem Fernseher sitze, wenn ich abends zu Hause bin, aber ich bin dann so ausgepowert, dass ich zu nichts mehr Lust habe", so fasst es ein Teilnehmer zusammen, was viele in diesem Kurs denken.

Das gibt es auch anders: „Ich habe ein tolles Hobby, fahre mit dem Renn-rad erfolgreich bei Rennen mit und ich muss dafür täglich trainieren. Da wird ja meine Familie wohl Verständnis für aufbringen müssen, denn man wird ja wohl ein Hobby haben dürfen. Und wenn meine Frau dann immer nur an mir rumnörgelt, wenn ich abends nach Hause komme, dann würde ich am liebsten gleich wieder weggehen", erläutert ein sehr erfolgreicher Geschäftsmann, der von vielen bewundert wird, die Schwierigkeiten in seinem Privatleben.

Viele Frauen sind da schon einen Schritt weiter, sie haben schon das eine oder andere Buch gelesen, mit Freundinnen gesprochen und sind bereiter dafür, eine neue Perspektive zu finden, wenn sie mit den Anforderungen des Lebens nicht so klarkommen. „Ich bin Single und glücklich Single", erzählt eine 32-Jährige mir vor Seminarbeginn, „mein Job ist gut, ich habe einen netten Chef, ich habe gute Freundinnen, von denen jetzt viele hei-raten und unbedingt Kinder haben wollen. Das will ich nicht, aber eine schöne Beziehung wäre schon toll, nur den richtigen Partner finde ich seit Jahren nicht. Dafür habe ich mir ein schönes Leben aufgebaut, ich besitze ein Traumcabrio und überlege sogar, mir eine eigene Wohnung zuzulegen. Ich bin zufrieden mit dem, wie mein Leben ist, allerdings bin ich auch oft einsam, aber daran kann man sich gewöhnen."

Das sind nur einige Beispiele von dem, was ich als Trainer jeden Tag höre. Es scheint so, als kämen wir mit dem Leben an und für sich nicht mehr klar. Leben überfordert viele von uns, wir müssen Job, Familie, Freizeit und Freunde unter einen Hut bekommen. Viele Menschen sind Wochen oder sogar Monate vorher ausgebucht, sogar privat machen sie Termine aus, die erst in drei oder vier Monaten stattfinden können, denn – da kann man nichts machen – bis dahin ist jedes Wochenende belegt. Kann schon sein, dass der Terminplan eng geworden ist, dass – vor allem bei Familien mit Kindern – ein Termin den nächsten jagt.

Wo bleibt die Lebensqualität?

Das ist wohl die wichtigste Frage, die Menschen sich stellen oder die sie sich besser stellen sollten: Warum sind sie in diesem Leben, wenn sie doch nur funktionieren, den Ansprüchen anderer genügen und gar nicht dazu kommen, das Leben auch mal zu genießen? Was ist der Zweck meiner Existenz, warum bin ich hier? Und wer dann einfach als Antwort auf diese Frage weiter von einem Termin zum anderen hetzt, der versucht vielleicht einfach nur, die innere Leere wegzudrücken, zu übertünchen. Das mag einige Jahre gut gehen, auf Dauer ist es keine Lösung.

Wir scheinen wichtige Fähigkeiten, die wir als erwachsene Menschen so dringend benötigen, in der Schule, an der Uni oder in der Ausbildung nicht gelernt zu haben: Wir sind nicht zufrieden mit einem Leben in Reichtum, verheiratet, mit Kindern und so vielen wundervollen Gegenständen, Reisen und dem Luxus des alltäglichen Lebens in unserer Gesellschaft. Wenn das alles nicht hilft, was dann? Oder sind wir ein Fall für den Psychologen, ist es eine frühe Midlife-Crisis, die uns in den Bann zieht? Oder wollen wir einfach immer mehr und müssen – viele Politiker und andere angebliche Experten fordern das allen Ernstes – endlich mal wieder der Gürtel enger schnallen, am besten alles verlieren, um es wieder schätzen zu können, wie gut es uns eigentlich geht?

Es stimmt etwas nicht, aber was genau?

Ich glaube nicht an diese Lösungen und ich glaube nicht einmal, dass das Problem gut beschrieben ist. Es ist genauso wie bei dem Mann mit dem Waffeleisen: Im Leben vieler Menschen gibt es – vielleicht schon seit Jahren – Warnsignale, dass es so nicht weitergehen kann. Das kann die nicht mehr so gut funktionierende Partnerschaft sein, Dauerstress mit den Eltern, auf der Arbeit, Erziehungsprobleme oder eben auch gesundheitliche Themen, die oft eben auch nur damit zusammenhängen, dass der Einzelne im Dauerstress ist und das Gefühl hat, sein Leben nicht in den Griff zu bekommen.

Das alles scheinen für uns die wirklichen Themen zu sein, nach dem Motto: „Wenn ich nur nicht so einen schlechten Partner hätte, wenn der Stress mit meinen Eltern nicht wäre und so weiter, dann wäre ich glücklich mit meinem Leben." Oder: „Nur die Krankheit hat mich aus der Bahn geworfen, ansonsten ist eigentlich alles ganz prima", so oder ähnlich hört sich das dann bei den Menschen an, die zwar Warnsignale in ihrem Leben haben, diese jedoch nicht als Hinweis sehen, sondern als das eigentliche Problem. So als würde der Mann am Waffeleisen denken oder sagen: „Mit der Waffel ist alles okay, nur das Waffeleisen macht einen Höllenkrach, mit seinem Gepiepte macht mich das Ding ganz verrückt."

Unzufriedenheit und Überforderung

Doch was wäre, wenn diese Konflikte, Krankheiten, Schwierigkeiten im Alltag nur die Auswirkungen, das Warnsignal wären? Wenn die Unzufriedenheit ein Hinweis darauf ist, dass ich etwas anders machen darf? Das ist nämlich genau meine These und die Basis meiner Seminare, meines Podcasts und auch dieses Buches. Menschen, die zu mir kommen, wollen aus der Opferrolle herauskommen, sie fühlen die Unzufriedenheit in sich, sie leiden unter der Überforderung oder sie haben keine Idee, wie sie mit den Alltagsproblemen umgehen sollen. Jetzt sind sie bereit, sich diesen Themen zu stellen, sich ihr Verhalten ehrlich anzuschauen und neue Wege zu finden, damit ihr Leben schöner, noch schöner wird.

Was nämlich die meisten Menschen tun, wenn Warnsignale auftauchen, ist, sich um die Warnsignale zu kümmern, Zeit und Geld darein zu investieren, damit sie beseitigt werden. Sie besuchen Ärzte, ernähren sich anders, wechseln den Partner oder gehen fremd, kündigen den Job und machen sich selbstständig, nur um dann einige Zeit später aufgrund des Misserfolges mit der neuen Firma wieder eine Anstellung zu suchen. Man möchte diesen Menschen am liebsten zurufen: „Halt, stopp, lass uns mal kurz reden! Das Warnsignal ist nicht das Problem, es ist nur ein Hinweis darauf, dass etwas anderes nicht stimmt." Und dem Mann an dem Waffeleisen möchte man zurufen: „Hey, du hast etwas gemacht, was vielleicht nicht hundertprozentig richtig war. Schau doch mal nach, ob das Piepen, das unmittelbar in deiner Nähe ist und das auch erst aufgetaucht ist, nachdem du den Deckel von dem Waffeleisen geschlossen hast, vielleicht doch etwas mit deinem Verhalten zu tun hat."

Erfolg ist nicht mehr alles

Denn beruflicher und finanzieller Erfolg ist nicht mehr alles, was zählt im Leben. Das ist deutlich in meinen Seminaren, denn da sitzen keine gescheiterten Existenzen, die mit nichts im Leben klarkommen. Viele sind gestandene Geschäftsleute, Manager, erfolgreiche Unternehmer, in Sachen Geldverdienen und Erfolg macht denen so schnell niemand etwas vor. Nur mit den Alltagsthemen kommen sie nicht klar, den Problemen mit den Kindern, den Eltern, der Partnerin oder dem Partner oder eben mit ihren eigenen Ängsten. Andere lieben es, sich mit ihren Kindern zu beschäftigen und tun alles für die Familie, kommen dabei allerdings zu kurz. Auch diese Menschen fühlen sich überfordert davon, sich aktiv ein glückliches Leben zu gestalten. Okay, mit Geld lässt sich vieles lösen, doch eben noch lange nicht alles. Wenn der eigene Partner nur noch gelangweilt auf dem Sofa rumliegt, wenn die Partnerin immer nur nörgelt, wie anstrengend ihr Tag war, dann hilft Geld nicht und dann helfen auch keine schnellen Lösungen.

Eine Zeit lang kann man sich dann mit einem gemeinsamen Urlaub, in dem beide entspannt sind, über Wasser halten. Aber das ist, als würde man ein Pflaster auf eine entzündete Wunde legen: Das eigentliche Thema ist nicht gelöst. Kaum hat der Alltag einen wieder, gehen die alltäglichen Schwierigkeiten einfach weiter. Vielleicht darf sich der eine oder andere einfach eingestehen, dass wir nie gelernt haben, glücklich zu sein. So als sei uns das in die Wiege gelegt, genetisch vorgegeben, was übrigens manche Forscher meinen. Ich glaube das nicht und meine Erfahrung aus bald 30 Jahren als Trainer spricht eine deutlich andere Sprache: Wir wollen wirksam sein, wollen unser Leben im Griff haben und es aktiv schön gestalten – und eben am Ende glücklich sein.

Glücklich sein lässt sich lernen

Wenn wir ganz ehrlich hinschauen, machen wir alles, was wir tun, nur um glücklich zu sein. Was uns fehlt – zumindest nach meiner Beobachtung – sind die passenden Fähigkeiten. Zum Glück lassen sich diese erlernen. Doch hier und jetzt geht es erst einmal um die wichtige Erkenntnis, dass vieles, was wir im Alltag so treiben, uns zwar glücklich machen soll, es allerdings nicht glücklich macht. Es stimmt also etwas nicht, und falls ein Warnsignal auftauchen sollte, kann das nur bestätigen, dass etwas nicht stimmt. Jeder von uns darf nun genau hinschauen, bereit sein, etwas Neues zu lernen, um dann wirklich ein glückliches Leben zu führen.

Wir kennen uns nicht aus

Ja, wir haben in der Schule und dann später im Studium oder der Ausbildung ganz viele Fähigkeiten erworben, von denen wir einige ein Leben lang nutzen. Das ist ganz wunderbar. Doch im Alltag fehlen uns andere Fähigkeiten und die benötigen wird dringend, um unser Leben schön zu gestalten. Wir dürfen lernen, wie man mit einem anderen Menschen eine liebevolle Beziehung gestaltet. Wir dürfen lernen, wie wir genug Zeit für uns selbst und unsere Hobbys finden. Wir dürfen uns weiterentwickeln und dafür brauchen wir die passenden Werkzeuge. Jemand muss uns Ideen geben, wie wir Job und Familie besser unter einen Hut bekommen. Kurz, wir brauchen eine Art Lebensschule.

Es gibt zudem ein paar Dinge, die Schule und Gesellschaft uns falsch beigebracht haben, auch darum geht es in diesem Buch. Die dürfen wir uns auch einmal genauer anschauen, denn sie stehen einem erfolgreichen und glücklichen Leben entgegen. Nur ein Beispiel sei an dieser Stelle genannt: Viele von uns sind durch die Programmierung der Schule immer gerne bereit, einen Preis zu bezahlen für etwas, das wir haben wollen. Das ist so wie in der Schule: Wenn jemand Mathe nicht gut konnte, dann musste er sich eventuell mit den Eltern oder einem Nachhilfelehrer nachmittags hinsetzen und Mathe pauken. Der Erfolg war dann hoffentlich, dass wir eine gute Note bekommen haben in dem entsprechenden Fach. Da ist nichts dran auszusetzen, nur die dahinterliegende Programmierung des Gehirns ist fragwürdig: Wir machen etwas, das wir nicht gut können, besonders intensiv, weil wir dann eine Belohnung bekommen. Das führt dann bei vielen Erwachsenen zu einen negativen, hinderlichen Glaubenssatz: Wenn mir etwas leichtfällt, dann zählt es nicht. Es muss schwer sein, schwierig, herausfordernd, nur dann kann ich auf mich stolz sein und mich über meine Leistung freuen. Zudem wäre die Auswirkung dieser unterbewussten Programmierung, dass ein solcher Mensch immer gerne etwas machen würde, das er nicht gut kann, und dann würde er erwarten, dass er dafür Geld, also eine Belohnung, bekommt. Da kann man im weitesten Sinne von „Prostitution" sprechen und es ist kein Wunder, dass ganz viele Menschen einem Beruf nachgehen, der ihnen keinen Spaß macht. Die Schule hat es genau in dieser Art und Weise in unsere Gehirne eingepflanzt. Was würde geschehen, wenn wir anders lernen würden, uns auf unsere Stärken zu konzentrieren und unsere Schwächen zu ignorieren?

Nicht alles, was ich glaube, ist hilfreich

Womit wir zu dem zentralen Thema „Erfolg" zurückkommen: Wenn ich mich ein Leben lang kräftig bemühe und anstrenge, dann mag das im Leben viel Erfolg in Form von Anerkennung und Geld bringen. Nicht umsonst heißt es sprichwörtlich: „Man muss sich nach der Decke strecken" und „Von nichts kommt nichts." Wer aber mehr Spaß und Leichtigkeit haben und sein Leben genießen möchte, der muss aufhören, einen Preis für alles zu bezahlen. Leben handelt nicht davon, dass ich einen Preis bezahle, ein schönes, fröhliches Leben handelt davon, dass ich möglichst häufig Dinge tue, die mir Spaß machen und Freude bringen, während ich sie tue.

Nur, weil viele von uns glauben, dass das nicht möglich ist, es nicht funktioniert und man auf diese Weise niemals genug Geld verdienen kann, muss das noch nicht stimmen. Okay, da sind wir jetzt natürlich an einer wichtigen Stelle in diesem Buch und in unserer Zusammenarbeit: Ich schreibe dieses Buch natürlich – wie könnte es auch anders sein – aus meiner Sicht der Welt, die ich „Marcs kleine Welt" nenne. Diese kleine Welt ist einzigartig und der eine oder andere mag sogar „speziell" denken, keine Frage, es ist meine Sichtweise und dahinter liegen meine Werte, meine Lebenserfahrungen und meine Ideen und Konzepte. Die muss kein Mensch übernehmen. Ich schildere diese Sichtweise deshalb, weil es dann für andere Menschen leichter ist, ihre eigene Position zu finden, sich abzugrenzen von der ‚normalen' Sicht der Dinge und eben ihre eigene kleine Welt zu entwickeln.

Was die Gesellschaft will ...

Natürlich kann sich jeder gerne daran orientieren, was ‚normal' ist und was die Gesellschaft angeblich zu einem Thema oder einem Verhalten denkt. Es darf allerdings erlaubt sein, eine andere Sicht zu haben, das ist mein Verständnis von Demokratie und von einem Leben in Freiheit, dass ich es so gestalten kann, wie ich möchte. Dann entsteht im Lauf der Zeit meine kleine Welt. Diese darf schön sein, angenehm, positiv und liebevoll zum Beispiel, denn es ist ja meine Entscheidung, wie diese Welt ist.

Wer sich nur an dem ausrichtet, was Gesellschaft angeblich möchte – und wer sagt eigentlich, dass das wirklich die Mehrheitsmeinung und -ansicht ist –, der gehört dann nach einigen Jahren genau zu den Menschen, die ich oben beschrieben habe: Das Versprechen des gesellschaftlich anerkannten Lebensstils war doch, dass ich auf diese Weise nicht nur beruflich und finanziell erfolgreich sein werde, sondern dass es mich glücklich machen wird. Bei vielen von uns haben auch die Eltern klare Ideen davon (gehabt), wie man leben muss oder leben sollte. Aber ob ich mit dem Leben dann wirklich zufrieden bin, das steht doch auf einem anderen Blatt.

Nach außen perfekt

„Ich lebe in der ‚Desperate Housewives Lane' und so wie mir geht es den meisten Frauen dort", berichtet mir eine Teilnehmerin verzweifelt, „im Außen ist alles perfekt, verheiratet, zwei Kinder, beide arbeiten, eigenes Haus und alles, was man sich nur wünschen kann. Aber ich bin nicht glücklich, fühle mich nicht wohl und habe Angst, dass mein Leben nie wieder schön wird." Die anderen Frauen, die im gleichen Viertel der Stadt wohnen, auch Kinder und ein ähnliches Leben haben, die empfehlen ihr (wirklich, ich erfinde das hier nicht!), sich einen Liebhaber zu nehmen und mit dem ihre sexuellen Fantasien auszuleben und wieder Schwung in ihr Leben zu bringen. Die machen das auch so und oft genug ist dahinter sogar eine Absprache mit dem Partner, der ebenfalls fremdgeht. Unfassbar? Nein, leider häufiger Realität, als naive Menschen wie ich, die niemals fremdgehen würden, sich träumen lassen.

Das kann doch keine Lösung sein! Doch, natürlich kann das eine Lösung sein, wenn alle Beteiligten damit glücklich sind. Wenn sie es wirklich sind, was ich zu bezweifeln wage. Auch das ist Marcs kleine Welt. Mir geht es nicht darum, Menschen zu bekehren und zu einem anderen Lebensstil zu überreden. Meine Arbeit handelt davon, gute Fragen zu stellen. Es sind nur Fragen, die Antworten gibt jeder von uns selbst. Macht es mich glücklich, in einer Beziehung zu leben, die nicht exklusiv ist? Das wäre so eine Frage, die man sich stellen könnte. Und es ist eine typische Frage, bei der mich die Meinung der Mehrheit nicht interessiert, weil es mir egal ist, wie die anderen das Thema sehen.

Dies ist mein Leben und ich darf das so gestalten, wie ich es möchte. Wenn es einen Satz gibt, der meine Arbeit gut beschreibt, dann ist es genau das: Ich unterstütze Menschen dabei, dass sie herausfinden, was ihnen gefällt. Daraus bauen sie dann ihr eigenes, schönes Leben, das sie wirklich glücklich macht, weil es das erste Mal in ihrem Leben ist, dass sie sich diese

Fragen stellen. Natürlich gibt es viel mehr Fragen als die nach der Beziehung und dem Liebesleben. Fragen zum Job, zur Kindererziehung, zu allgemeineren Lebensthemen, zum Alltag, zur Ernährung, zu Selbstliebe und zur Einstellung zur eigenen Person.

Sein Leben selbst zu gestalten hängt von der Fähigkeit ab, richtig gute Fragen zu stellen und über die Antworten ein bisschen nachzudenken. So machen meine Seminare die Menschen mehr zu der Version von sich, die sie sein können. Sie werden nicht wie ein anderer Mensch, sie folgen keinem Guru, denn ich bin kein Guru und werde das auch niemals sein. Okay, ich stelle manchmal Fragen, die ein bisschen unangenehm sind. Doch das Schöne daran ist, dass ich die Antwort nicht wissen möchte. Diese Seminare handeln nicht von einem Seelenstriptease, bei dem sich alle Teilnehmer heulend in den Armen liegen. So geht das nicht! Ich stelle Fragen, die meine Teilnehmer mitnehmen. Einige lassen sich gleich beantworten, weil sie auf der Hand liegen. Über andere Fragen – beziehungsweise genauer über einige Antworten – darf der eine oder andere dann noch mal nachdenken, die nehmen wir alle mit in unser Leben.

Tuning – oder wie es noch besser wird

Meine Arbeit handelt also im Wesentlichen davon, dass Menschen neue Antworten finden auf Fragen, die sie sich vielleicht noch nie gestellt haben. Wir brauchen allerdings neue Antworten, denn das Leben hat sich verändert und es verändert sich weiter. So handelt meine Aufgabe davon, Menschen neue Fähigkeiten für den Umgang mit dieser neuen Welt zu geben.

Es ist mehr wie beim Tunen eines Autos: Ich baue das Auto nicht neu, ich werfe das alte nicht weg, sondern ich mache das vorhandene besser, schneller, tauglicher oder, um es in menschlichen Begriffen auszudrücken: Ich sorge dafür, dass der Einzelne seine Probleme, Ängste und Sorgen leichter in den Griff bekommt und sich dann ein wirklich schönes Leben erschafft, ein herrliches Leben, das Leben seiner Träume.

Sorgen und Ängste lähmen uns

Der materielle Überfluss, mit dem die meisten von uns gesegnet sind, ist auch eine Last oder eine Aufgabe, die uns mit Problemen konfrontiert, die wir so noch nie hatten. Viele Menschen haben Sorgen, sie machen sich Gedanken über ihre Zukunft und darüber, wie es weitergehen wird und weitergehen soll. Werden wir unser mühsam erspartes Geld verlieren, den Job, das Haus, den Lebensstandard? Diese Sorgen sind weit verbreitet und sie können die Lebensqualität auch massiv beeinflussen, vor allem auch dann, wenn Kinder im Spiel sind, die wir natürlich bestmöglich auf die Zukunft vorbereiten wollen. Mit den Sorgen und Ängsten ist es letztlich genau wie mit allen anderen Themen im Leben: Wir haben nicht gelernt, damit umzugehen, niemand hat uns gezeigt, wie man Sorgen und Ängste überwinden kann, obwohl sie den Einzelnen so sehr lähmen können.

Keine Frage, diese Sorgen und Ängste sollen und wollen uns beschützen, sie sind grundsätzlich eine gute Funktion des menschlichen Gehirns, denn dank der Angst können wir Fehler vermeiden. Doch einige Menschen, die zu mir kommen, merken, dass sie zu viele Ängste haben, sie sehen mehr Probleme und Schwierigkeiten in ihrem Leben, als dass sie das Schöne und Positive sehen. Vielen ist das nicht einmal bewusst. Mein schönstes Beispiel stammt aus meinem Hörbuch zu diesem Thema mit dem Titel: „Überwinde Deine Angst!". Ich habe das damals mit der Radiomoderatorin Melitta Varlam produziert. Wir saßen zur Vorbereitung an meinem Esstisch und sie erklärte mir, dass sie vermutlich eine schlechte Interviewerin für dieses Thema sei, da sie keine Ängste kenne.

Wir haben dann erst einmal eine CD produziert, die dauert rund 60 Minuten, und sind die typisch menschlichen Ängste durchgegangen. Danach saßen wir, bevor wir CD zwei produzierten, wieder am Esstisch und unterhielten uns. Frau Varlam gestand mir, dass sie alle angesprochenen Ängste aus ihrem eigenen Leben kenne und viel mehr Ängste hätte, als ihr bewusst gewesen sei. Das ist so typisch für dieses Thema: Obwohl viele von uns sich im Alltag ganz schön viele Sorgen machen, ist es uns nicht bewusst, dass das unsere ganze Lebenseinstellung betrifft und das Leben negativ beeinflusst. Wir dürfen also lernen, unsere Ängste in den Griff zu bekommen und die Sorgen auf ein sinnvolles Maß zu reduzieren.

Sinnvolle von sinnlosen Ängsten unterscheiden

Das ist nun natürlich eine schöne Frage: Was sind sinnvolle Ängste und welche Ängste sind sinnlos, wie kann ich die voneinander unterscheiden? Angeboren sind – zumindest nach Meinung des NLP-Mitbegründers Dr. Richard Bandler – nur zwei Ängste: Die Angst vor dem Fallen, die wir letztlich als Höhenangst kennen, und die Angst vor lauten Geräuschen. Ich habe mich bisher nicht mit der Frage beschäftigt, ob das wirklich stimmt – jedenfalls ist seine These, dass alle anderen Ängste von diesen beiden Ängsten abgeleitet sind. Im NLP sprechen wir dabei von der „Generalisierung", also der automatischen Verallgemeinerung eines Verhaltens durch das Gehirn. Wenn wir aus diesem Blickwinkel auf das Thema schauen, dann wären außer diesen Urängsten vermutlich die allermeisten anderen Ängste sinnlos und überflüssig, und das mag durchaus eine korrekte Betrachtung der Situation sein. Das Thema ist – und darauf komme ich später in diesem Buch noch mal zurück –, dass unser Gehirn solche Verhaltensweisen, und Ängste sind ein Verhalten, automatisch verallgemeinert. Die Angst vor der heißen Herdplatte mag sinnvoll sein, wenn ich allerdings ständig gucke, ob ich mich irgendworan verletzten oder verbrennen könnte, dann ist das ängstliche Verhalten weitgehend generalisiert worden.

Um sinnvolle und sinnlose Ängste voneinander im Alltag sinnvoll unterscheiden zu können, möchte ich hier noch eine weitere Idee, ein weiteres Kriterium einbringen: Sinnvolle Ängste sind doch solche, die mich aktiv beschützen vor einem Verhalten oder einer Tätigkeit, die negative Konsequenzen haben würden. Die Angst vor der heißen Herdplatte ist sinnvoll, die ängstliche Grübelei darüber, was passieren würde, wenn ich mein Geld verlöre, die ist nicht sinnvoll. Denn dann sucht das Gehirn mehr und mehr nach möglichen Schwierigkeiten. Das würde dann meine Lebensqualität massiv beeinflussen.

Soll ich also etwa einfach sorglos in den Tag hineinleben?

Okay, das ist nun schon so eine schwierigere Frage, denn die Antwort, die ich habe, mag nicht jedem Menschen schmecken. Ich glaube, dass wirklich die Sorge um das Geld, um irgendwelche Unfälle, die mir oder Menschen zustoßen könnten, die ich gerne mag, und auch die Angst vor dem Tod letztlich keinerlei sinnvolle Ergebnisse liefern. Nur, weil ich diese Dinge nicht durchdenke, bin ich nicht verantwortungslos in meinem Leben. Ich wäge Risiken ab, prüfe sehr genau, ob reale Gefahren bestehen, die ich vermeiden kann, und wann immer die Antwort „Nein!" lautet, mache ich einfach das, was ich machen wollte.

Ich denke – und das Kriterium ist definitiv subjektiv –, dass die wichtige Einschätzung nur davon handelt, als wie real ich persönlich die Bedrohung einschätze. Zudem habe ich mir in den vergangenen 30 Jahren noch etwas anderes abgewöhnt: Mir Sorgen zu machen um Dinge, die ich nicht ändern kann. Da passt das Thema Geld sehr gut: Da die Regierenden das alles steuern, bin ich ihnen ausgeliefert. Da ich das nicht ändern kann, es sei denn, ich verlasse Europa, kann ich mir jeden ängstlichen, sorgenvollen Gedanken zu diesem Thema sparen und einfach fröhlich vor mich hinleben.

Wenn du gehen würdest, wäre mein Leben sinnlos...

Partnerschaften und auch Kinder können ein Quell von Ängsten und Sorgen sein. Eine Teilnehmerin ist zum Beispiel sehr eifersüchtig gewesen. Ich fragte sie, wie sie das macht – eine typische NLPler-Frage – und sie erklärte mir: „Ich sehe meinen Mann ständig in Situationen, in denen er mit anderen Frauen spricht, diese netter und attraktiver findet als mich, und ich stelle mir vor, dass ich älter werde und er sich dann eine hübsche, junge neue Partnerin sucht." Das ist ein schönes Beispiel für eine unnötige, destruktive und sinnlose Angst, die nur das eigene Leben und die Lebensqualität zerstört. Hinzu kommt, dass ein solch eifersüchtiger Mensch natürlich den anderen aus seinem Leben vertreibt. Nicht nur die bekannte, sich selbsterfüllende Prophezeiung sorgt dafür, sondern diese Teilnehmerin stellte fest, dass sie oft feindselig, überkritisch und misstrauisch ist und damit ihrem Partner auf ungeeignete Weise begegnet.

Dazu habe ich allerdings mehrere Anmerkungen: Die eine Idee ist, dass Eifersucht schnell heilbar ist, man muss nur lernen, wie man die Bilder und Filme in seinem Kopf verändert. Das andere Thema, das ich hier sehe, ist die Abhängigkeit von dem anderen, die ich nicht für sinnvoll halte. Wenn nur eine Partnerin oder ein Partner mich vollständig und mein Leben glücklich machen kann, dann hat das ja mit „Liebe" nichts zu tun, sondern mit Abhängigkeit, Sucht und übergriffiger Macht. Das bedeutet nun leider nicht, dass nicht die meisten Beziehungen genau davon handeln, es scheint für viele Menschen wichtiger zu sein, einen anderen unter ihre Kontrolle zu bringen, als daran zu arbeiten, sich selbst in diesem Leben genug zu sein.

Die Angst, den Job zu verlieren

So ist es dann auch mit der Angst, den eigenen Job zu verlieren. Nun mag es natürlich sein, dass jemand die nötigen Fähigkeiten für die Aufgaben nicht besitzt, die er erfüllen soll. Oder ein anderer mag aktiv betrügen, zu viele Stunden eintragen und weniger arbeiten oder – gerade auch in der Zeit des Homeoffice – aus der Badewanne heraus an Meetings teilnehmen und sich immer nur mal zwischendurch zu Wort melden, damit niemand den Betrug merkt. Selbstverständlich können diese Tricksereien, die nichts anderes als Betrug sind, auffliegen und dann für massive existenzielle Probleme sorgen. Doch für all dies gibt es doch eine leichte Lösung: Jeder darf immer neue Fähigkeiten erwerben, darf *up to date* bleiben in seinem Bereich und damit natürlich auch die eigene Existenz sichern.

Ich habe zweimal im Leben alles verloren, was mir wichtig war, von daher kann ich in diesem Punkt mitreden, denke ich. Und in beiden Fällen war auch meine berufliche Laufbahn von den massiven Änderungen betroffen, die Dritte in meinem Leben verursacht hatten. Doch ich konnte in beiden Fällen wieder auf die Beine kommen. Beim ersten Mal lernte ich einen ganz neuen Beruf von der Pike auf. Als ich dann soweit war – damals lernte ich den Beruf als Kommunikations- und NLP-Trainer –, startete ich in meinem Wohnzimmer mit den ersten Seminaren. Ich erweiterte das Angebot Schritt für Schritt, arbeitete jeden Tag an meinen Fähigkeiten, und das mache ich nun seit über 20 Jahren sehr erfolgreich. Dann verlor ich von heute auf morgen mein Unternehmen. Und wieder konnte ich mich auf meine Fähigkeiten verlassen und in einem anderen Unternehmen von vorne beginnen.

So bin ich davon überzeugt, dass sich auch Existenzängste, die mit dem Beruf zu tun haben, überwinden lassen. Sicher nicht von heute auf morgen, doch mit einem klaren Ziel, einer inneren Berufung und Ausrichtung lässt sich mit ein paar Jahren Zeit und intensiver Arbeit etwas aufbauen, das einem dann wiederum ein stabiles Einkommen bietet. Die äußeren Umstände können einem alles wegnehmen, den Job, die Firma, das Geld, die Wohnung, die Möbel, einfach alles. Was einem niemand nehmen kann, das sind die einzigartigen Eigenschaften und Fähigkeiten, die man sich im Lauf der Jahre erwerben kann. Ja, ich bin sicher fleißig, ich biete meinen Kunden immer nur Seminare an, die zu den besten der Welt gehören. Ich mache alles, was ich mache, immer auf höchstem Niveau, bin sicherlich perfektionistisch und angetrieben von dem Gedanken höchster Präzision. Gleichzeitig weiß ich dadurch, dass ich mit diesen Eigenschaften in vielen Bereichen Arbeit finde, egal wie die äußeren Umstände sind.

Ängste helfen ehrlich hinzuschauen

So können dann Ängste logischerweise auch die Aufforderung sein, ehrlich hinzuschauen und sich um Themen zu kümmern, Lösungen zu finden und einen neuen Weg einzuschlagen. Nur dann, wenn die Angst in einem Lebensbereich zu Starre oder Kontrolle der Umstände führt, dann bin ich kein Freund davon. Das wären die wichtigsten Ängste, die ich auflösen würde, und dabei ist das Modell des NLP anderen Methoden weit überlegen. Seine Ängste aufzulösen ist der wohl wichtigste Schritt, wenn es um die persönliche Veränderung geht. Letztlich geht es ja immer nur um das Bedürfnis nach Sicherheit, das wir glauben erreichen zu können, wenn wir das Gefühl von Angst vermeiden. Erstaunlich ist nun, dass wir bereit sind, dafür wirklich viel einzusetzen und uns den lieben langen Tag, fast unser ganzes Leben lang, darum zu bemühen, die Sicherheit herzustellen und die Angst zu vermeiden. Ob das eigene Verhalten dann überhaupt noch sinnvoll ist, ob wir damit Ziele erreichen, die wir erreichen wollten, das wird von den meisten Menschen nicht mehr hinterfragt. Sie folgen einfach nur dem einmal eingeschlagenen Weg.

Wir Menschen ändern unser Verhalten nicht einfach

So hatte ich vor einigen Wochen eine Teilnehmerin im Seminar, die Millionen auf dem Konto hat, in einer kleinen Zweizimmerwohnung lebt und das Geld einfach immer weiter sammelt. Sie verdient gut, richtig gut, und sie gab an, dass sie nun gute Geldanlagen suche. Ich fragte sie nach dem Grund und ihre Antwort war: „Man muss sich doch darum kümmern, dass das mühsam verdiente Geld sicher angelegt ist, damit es mehr wird." Ich blieb hartnäckig, da ich in ihrem Fall ein bisschen Hintergrundwissen hatte: „Was hast du denn in den vergangenen 15 Jahren mit dem Geld gemacht, das du sparst? Du gibst es doch eh nie aus. Warum muss es dann mehr werden, wenn es doch eh keine Rolle spielt?"

Zugegeben, das war nicht gesellschaftskonform gefragt, das Sammeln großer Geldsummen ist auf jeden Fall klasse, da hegt kaum jemand einen Zweifel dran. Doch ich bin ein Spezialist für menschliches Verhalten und ich weiß, dass jemand, der nie Geld ausgibt, weil er es zusammenhalten will, es auch in Zukunft nie ausgeben wird, wenn er sein Verhalten nicht verändert. Es würde also streng genommen keinen Unterschied machen in ihrem Leben, ob das Geld auf ihrem Konto ist oder morgen entwertet wird und sie es dadurch verliert, denn sie macht eh nichts mit dem Geld. Die Sicherheit, die vermeintliche Sicherheit, die das Geld ihr gibt, das ist es, worum es ihr geht. Sie könnte etwas damit machen, glaubt sie, auch wenn sie es niemals machen wird.

Doch die Angst, es nicht haben zu können oder es zu verlieren, die motiviert sie. Das Geld gibt ihr ein Gefühl von Sicherheit, Freiheit und Unabhängigkeit, und es ist allein die Existenz des Geldes, die dieses Gefühl in ihr auslöst. Viele Menschen haben auf diese Weise Fähigkeiten, die eben auch Sicherheit geben können, durch Geld und materiellen Wohlstand ersetzt. Dabei sind gut erlernte Fähigkeiten mindestens ebenso gut wie eine Menge Geld, vielleicht sogar besser. Doch um diese zu erwerben, um wirklich einer der Besten in seinem Bereich zu werden, bedarf es sicherlich der Konzentration auf ein Thema, ständige Beschäftigung damit und viele Stunden Einsatz. Geld scheint hier also eine Abkürzung zu sein, ich brauche in unserer Gesellschaft keine herausragenden Fähigkeiten mehr, wenn ich genug Geld habe – das glauben viele Menschen wirklich. Sicherheit ist angeblich wichtiger als das Gefühl, stolz auf etwas zu sein, was ich wirklich gut kann.

Selbstbewusstsein kann man nicht kaufen

Ich denke, dass auch diese Perspektive einmal gründlich durchdacht und angeschaut werden darf. Wir wollen uns ja gerne stark und selbstbewusst fühlen, das ist auf jeden Fall auch erstrebenswert. Und diese Gefühle lassen sich mit Geld, auch mit viel Geld, nicht mal so eben erreichen. Um es abzukürzen: Geld und materieller Wohlstand geben uns nur eine scheinbare Sicherheit, denn wir können sie verlieren oder jemand kann sie uns wegnehmen. Fähigkeiten hingegen machen uns stark und geben uns Selbstbewusstsein und dann eben auch ein ganz anderes, besseres Gefühl von Sicherheit. Vermutlich wäre es gut, an beidem zu arbeiten. Ganz allgemein dürfen wir uns selbst stärken und wir dürfen neue Wege finden, uns selbst stark zu fühlen. Und dies sollte nicht gespielte Stärke sein, die wir nur vortäuschen. Wenn das, was mir Sicherheit gibt, nicht in mir ist, sondern im Außen – das könnte neben Geld und materiellem Besitz auch eine Partnerschaft sein oder die Familie generell –, dann werde ich mich an diese Dinge klammern. Dann hat Sicherheit mit einer Art Sucht zu tun und ich werde mich seltsam verhalten, zum Beispiel ängstliches Verhalten entwickeln, um diese im Außen liegenden Dinge zu schützen.

Warnhinweise ernst nehmen

Ich bin also ein Freund davon, im eigenen Leben immer mal wieder hinzuschauen, sehr bewusst zu überprüfen, ob mein Leben schön genug ist oder ob ich Warnhinweise erkennen kann, die ich mir unbedingt anschauen muss oder sollte. Auch Ängste und Sorgen, wenn sie einen erdrücken, können solche Warnhinweise sein, die – positiv verstanden – dafür sorgen können, dass wir uns anders und intensiver als bisher mit uns selbst und unserem Leben auseinandersetzen dürfen. Die Teilnehmerin mit dem vielen Geld hat leider erhebliche gesundheitliche Herausforderungen. Vielleicht sind das ja auch in ihrem Fall solche Warnhinweise, und sie täte gut daran, da ganz genau hinzuschauen. Vielleicht gibt es in ihrem Leben doch etwas anders zu machen.

Abwarten, dass das Leben von selbst schön wird, das funktioniert für die meisten nicht. Wenn die Beziehung aus dem Takt geraten ist, wenn wir unter dem Alltag leiden, wenn Krankheiten uns in die Knie zwingen oder wir Konflikte mit Menschen haben, die wir eigentlich sehr mögen, dann dürfen wir uns eingestehen, dass wir mit Bordmitteln nicht mehr weiterkommen, dass wir jemand anderen brauchen, der uns neue Fähigkeiten beibringt, der neue Fragen stellt, auf die wir dann bessere Antworten finden. Leben ist an dieser Stelle nicht wie eine Erkältung, denn die Probleme im Leben, die werden nicht automatisch wieder in Ordnung kommen, sondern nur durch meine aktive Mitarbeit.

Wachwerden im eigenen Leben

Aufzuwachen, bewusst hinzuschauen, Missstände wahrzunehmen und sich darum zu kümmern, sie dann auch – und zwar am besten dauerhaft – aus dem eigenen Leben zu verbannen, das ist ein bisschen anstrengend, ich weiß. Viele von uns haben sich eben einfach angewöhnt abzuwarten. Wir warten schon in der Jugendzeit, dass das Schuljahr endlich zu Ende geht, dass wir ein bestimmtes Fach, das wir nicht mögen, abwählen können, dass wir endlich die Schule hinter uns lassen und von zu Hause ausziehen können. Immer nur warten.

Ich frage mich, ob der Mann an dem Waffeleisen wirklich gemeint hat, dass der Piepton verschwindet. Nach dem Motto: Wenn ich nur lang genug warte und ignoriere, dass da ein Piepton ist, dann wird der schon wieder verschwinden. Er dürfte lernen, dass der Warnton etwas mit seinem Verhalten zu tun hatte, konkret damit, dass er etwas nicht getan hat, was er hätte tun sollen.

Vieles haben wir nicht gelernt

Das passt ganz gut zum normalen Leben, etwa in einer Beziehung oder auch im Job. Manchmal darf man im Job etwas machen, das einem keiner sagt und wo es auch keine klare Anweisung gibt. Man macht es, weil es einfach richtig ist. Oder in einer liebevollen Partnerschaft, da hängt ganz vieles davon ab, dass ich die Bedürfnisse meines Partners oder meiner Partnerin einschätzen lerne. Nur hat uns das doch niemand beigebracht! Ich kann aus meinen Seminaren berichten, dass die meisten Menschen sich mit dem Verhalten des anderen Geschlechts praktisch nicht auskennen. Das betrifft Menschen, die seit vielen Jahren in einer Beziehung leben, genauso wie Menschen, die Single sind. Es fehlt an Know-how, an Fähigkeiten und vor allem an einer geeigneten Möglichkeit, Fragen zu stellen und Antworten zu bekommen. Wer will in dieser Sache schon seine Eltern fragen?

Ich kriege das schon hin

Dazu kommt das Dilemma der Erfolgreichen: Wenn jemand in seinem Job alles selbst hinbekommen hat, wenn er anerkannt ist, vielleicht einen akademischen Titel hat, und dann feststellt, dass es Probleme in der Beziehung oder bei der Kindererziehung gibt, wird dieser Mensch erst einmal – und vielleicht sogar sein Leben lang – davon überzeugt sein, dass er das alles mit seiner Intelligenz und seinem Wissen lösen kann. Nach dem Motto: Ich habe mein ganzes Leben in den Griff bekommen, habe hart gearbeitet, dieses Thema werde ich ja wohl jetzt auch noch hinkriegen.

Sich einzugestehen, dass man es nicht hinbekommt – diese Einsicht kommt bei vielen Menschen erst spät, oft genug zu spät. Dann sind sie bereits geschieden, leben im Streit und im Dauerstress und bemühen sich vielleicht, sich an dem Geld und dem Erfolg festzuhalten, mit immer geringerem Erfolg. Es mag schlimm sein, sich eingestehen zu müssen, dass man es doch nicht hinbekommt, obwohl man alles versucht und obwohl man sonst alles oder zumindest vieles im Leben auf die Reihe bekommt. Doch jetzt gilt es vielleicht, eine Entscheidung zu treffen: Lasse ich mein Leben einfach so weiterlaufen, oder bin ich bereit, mich zu verändern und etwas Neues auszuprobieren? Um es hier schon ganz deutlich zu sagen: Wenn die Warnsignale laut sind, das Leben schon ein bisschen aus der Bahn geraten ist, dann wird kein Pflaster helfen, dann gibt es keinen Quick-fix, den wir uns so sehr wünschen würden.

Es gibt keinen Quick-fix

Die Multimillionärin auf Instagram, die den ganzen Tag verschiedene Parfums und so anpreist, die kann mir dann nicht helfen, auch wenn die so glücklich tut. Der Onlinekurs „Glückliches Leben in acht Schritten und drei Wochen", der wird es auch nicht richten können, zumindest glaube ich nicht daran. Ich weiß, inzwischen kann man den Menschen alles online verkaufen, sogar einen Onlinekurs für das „Sprechen vor Gruppen" gibt es schon, auch wenn jeder Depp verstehen müsste, dass das nicht funktionieren kann. Doch wir Menschen lieben die Idee, dass wir einfach mal schnell einen Kurs anschauen und dann läuft es wieder rund im Leben, die Partnerschaft ist wieder repariert und plötzlich, am liebsten über Nacht, sind wir völlig begeistert von unserem Leben. Wenn dieser Kurs dann noch ordentlich teuer ist, dann muss er gut sein, das steht fest. Was für ein Unsinn!

Es geht darum, uns mit uns selbst zu beschäftigen, uns klar darüber zu werden, wer wir sind und was wir wollen. Und es geht auch um die Fähigkeit, mit sich und anderen richtig gut zu kommunizieren, sich klar darüber zu werden, wie die eigene Sprache und das eigene Modell der Welt an der einen oder anderen Stelle nicht zu dem gewünschten Erfolg führen kann.

Diese Selbstschau ist kein Selbstzweck, sie ist nur die Basis des Erfolges, den meine Teilnehmer dann in ihrem neuen Leben haben. Wohlverstanden ist das eine andere Definition von Erfolg als die landläufige: Erfolg ist, dass ein Mensch seine Ziele erreicht. Was natürlich voraussetzt, dass wir Ziele definieren, dass wir überhaupt wissen, wo wir hinwollen und was wir erleben möchten. Womit wir wieder bei den Fragen wären, die ich so gerne stelle: Was tut so richtig weh gerade oder worauf warte ich?

Dies ist das Ende des Wartens

Dieses Buch soll das Ende des Wartens für meine Leser sein. Es ist eine Aufforderung, hinzuschauen, die Verantwortung zu übernehmen, sich der eigenen Situationen klar zu werden. Ich möchte im wahrsten Sinne des Wortes die typischen Warntöne besprechen, die vielleicht zum Teil nicht hörbar sind, sondern als rote Ampeln daherkommen oder eben einfach nur als ein wirklich ungutes Gefühl. Klar, jeder von uns hat immer die Wahl. Wir können einfach weiter abwarten, dass das Leben doch noch schön wird, etwa durch einen Lottogewinn oder dadurch, dass die Kinder aus dem Haus gehen. Jeder Mensch scheint auf etwas anderes zu warten, um nicht selbst aktiv werden zu müssen. Auch dafür gibt es gute Gründe, wie wir später noch sehen werden.

Und dann gibt es eben die unter uns, die nicht mehr länger warten wollen. Manchmal geschieht das, weil ein anderer vorbeikommt und einem erklärt, dass es Zeit ist, sich zu verändern. So möchte ich dieses Buch verstanden wissen. Ich greife die typischen Themen, mit denen sich die Menschen beschäftigen, bevor sie in meine Seminare kommen oder meinen Podcast hören. Wir können natürlich immer wegschauen, so tun, als wäre nichts, und wieder einschlafen. Doch es ist eine andere Zeit, es ist die Zeit des Aufwachens. Die Menschheit hat in den vergangenen 100 Jahren viele Herausforderungen gelöst, die uns viele Jahrtausende in unseren Möglichkeiten beschränkt haben. Der Wohlstand breitet sich immer weiter aus und es gibt ein neues Erwachen: Menschen beginnen, sich mehr und mehr auf ihre einzigartigen Eigenschaften und Fähigkeiten zu besinnen. Sie steigen aus, beenden den normalen Weg und finden ihren eigenen, neuen Weg.

Die Bestandsaufnahme

Es beginnt mit einer kritischen Bestandsaufnahme, so wie es mit einem Auto gemacht wird, bei dem nach 20 oder 30 Jahren eine große TÜV-Prüfung ansteht. Erst einmal darf ich überprüfen, wo ich im Leben stehe. Das tut ein bisschen weh, aber es ist unerlässlich, wenn ich wirklich eine solide Basis für mein neues Leben schaffen möchte.

Für viele Menschen ist das Leben derzeit nahezu unerträglich, sie versuchen mehr oder weniger verzweifelt, den Job, die Freizeit, eventuell Kinder, Haustiere und all die anderen alltäglichen Probleme zu lösen und dabei immer noch möglichst genug Geld zu verdienen. Währenddessen leben viele in lieblosen Beziehungen, die oft nur deshalb aufrechterhalten werden, weil keiner der beiden gerne allein ist.

Wo ist Mr. Right?

Oder die Menschen sind Single und warten – da ist das Wort schon wieder – darauf, endlich Mr. oder Mrs. Right kennenzulernen. Viele steigen einfach mit jedem ins Bett, der bei drei nicht auf dem Baum ist, und manche zählen dabei nicht mal mehr bis drei. Es scheint beliebig, mit wem wir uns umgeben oder wie liebevoll die Beziehung mit dem Partner ist. Im Job ist es nicht besser: Überforderung allerorten, viele arbeiten nur noch digital, während sie in ihrer Singlewohnung, die natürlich möglichst im angesagtesten Teil der Stadt liegt, mehr und mehr vereinsamen. Familien brechen auseinander, sich mit der Meinung eines anderen Menschen auseinanderzusetzen scheint eine der größten Herausforderungen des ganzen Lebens zu sein. Wer anderer Meinung ist, wird am besten gleich aus der Freundesliste entfernt. Wir sind nicht mehr bereit, miteinander und aneinander zu wachsen.

Wir benötigen geeignete Hilfe

Dafür benötigen wir Menschen, die uns den neuen Weg weisen können. Ich möchte ein solcher Mensch im Leben derjenigen sein und bin es auch schon seit vielen Jahren, der genau dies tut. Ich bin kein Übermensch, der alles weiß, und ich verstehe mich auch nicht als Coach, der sich mit irgendwelchen zweifelhaften Methoden darum bemüht, Menschen ihre Probleme abzunehmen, was gar nicht geht. Ich fühle mich eher wie ein Dorfältester.

Als wir vor einigen Monaten im Büro saßen und über mich und meine Arbeit als Trainer sprachen, da kamen wir an die Stelle, dass ich wie ein „Dorfältester" bin und die Menschen, die zu mir kommen, auf ihrem Weg begleite. Ist natürlich schwierig, in meinem Alter schon Dorfältester zu sein, doch so habe ich den Vorteil, dass ich noch viele Jahre dieses Amt bekleiden kann. Was macht nun so ein Dorfältester? Die schlechte Version ist so, wie es die meisten bei unseren Eltern kennengelernt haben, die sich einfach in unser Leben einmischen und ihre Weisheiten, die so weise oft gar nicht sind, verteilen und gleichzeitig sehr viel Wert darauf legen, dass wir diesen Weisheiten dann auch gefälligst folgen. Die beste Version des Dorfältesten ist die, dass er Ideen und Konzepte hat sowie einen reichen Schatz an Geschichten, die uns zum Nachdenken anregen und dazu, das eigene Verhalten immer mal wieder zu hinterfragen.

Jeder darf seinen Weg finden

Er verurteilt nicht andere Meinungen und lässt jeden das Leben leben, das er oder sie gern möchte. Hauptsache er oder sie hat schöne Gefühle dabei, es geht nicht darum, „etwas Besseres" für den anderen zu wollen, indem er eine höhere Stelle im Unternehmen annehmen sollte, obwohl er oder sie das gar nicht will. Daher kommen die Menschen gern auf mich zu und besprechen ihre Themen mit mir. Es geht darum, neue Lösungen zu erarbeiten, frei von gesellschaftlichen Ansprüchen und Zwängen. Wie bei der Kindererziehung auch: Mein Kind mag sich im Supermarkt auf den Boden werfen und brüllen, dass es gefälligst die Cola oder den Schokoriegel haben will. Wenn ich als Eltern entscheide, dass es keine Cola für mein Kind gibt, dann darf es mir egal sein, ob alle anderen Menschen in diesem Supermarkt denken, ich würde mein Kind misshandeln, weil es rumbrüllt. Ich darf lernen, meinen Weg zu gehen, meine Grenzen aufzuzeigen, gerade auch meinen eigenen Kindern, den Eltern und meiner Partnerin oder meinem Partner gegenüber. Wir Menschen dürfen wohl wieder lernen, unpopuläre Meinungen zu haben, die eben zu unserem Modell der Welt passen, und zu diesen im Alltag zu stehen, sie durchzusetzen.

Der Dorfälteste, der ich zumindest nach Aussage meiner Teilnehmer seit vielen Jahren bin, ist der, der zum persönlichen Wachstum des Einzelnen beiträgt. Ich gebe Feedback, weise auf immer gleiche Verhaltensweisen hin, stelle Werte infrage und gebe konkrete Übungen und Tipps mit auf den Weg, mit denen sich Ängste und Sorgen auflösen und große Ziele, die eigene Berufung und das Leben der eigenen Träume gestalten lassen. Wir alle stehen vor neuen Herausforderungen und ich bin mir sicher, dass wir die gemeinsam lösen können. Dafür dürfen wir – und darum geht es auch vor allem in diesem Buch – verstehen, dass das neue Herausforderungen sind und dass wir die mit den bekannten Lösungsstrategien nicht in den Griff bekommen können.

Wir brauchen den Mut zur eigenen Veränderung

Wer in Anbetracht dieser Herausforderungen nicht versteht, dass wir neue Fähigkeiten brauchen, um in diesem Leben klarzukommen, der kann es nicht schaffen. Ich habe Tausende Menschen in den vergangenen 20 Jahren als NLP-Trainer begleiten dürfen, ich habe ihnen Fragen gestellt und mitbekommen, wie sie alle ihr Leben verändert haben. Das dauert bei jedem unterschiedlich lange und es gibt keinen Maßstab für die Veränderung. Doch ich kann sagen, dass diese Menschen glücklicher leben als zuvor und dass sie eine neue Perspektive geschaffen haben in einer Zeit, in der viele andere Menschen verständlicherweise aufgeben. Viele dieser Teilnehmer hätten nie gedacht, dass der Besuch eines Seminars oder einiger Seminare, denn fast alle besuchen sämtliche Seminare, die ich anbiete, ihr Leben so grundsätzlich und so positiv verändern würde.

Wir brauchen diese Menschen dringend, denn traurige und depressive Zeitgenossen, die gibt es mehr als genug. Eine aktuelle Studie sagt, dass jeder vierte Deutsche schon unter depressiven Verstimmungen oder einer Depression leidet. Wir dürfen aus diesem Strudel wieder herauskommen… dringend. Das erfordert einen gewissen Mut, doch ich weiß, dass es einfacher ist, diesen Mut aufzubringen, wenn man von jemandem begleitet wird, der schon Tausende Menschen vorher auf demselben Weg begleitet hat und der auch selbst immer wieder an seiner eigenen Veränderung arbeitet.

Der richtige Rahmen

Diese Veränderung geschieht dann sicher nicht in einem Raum mit 100, 1.000 oder 10.000 Menschen, die in einem Tschakka-tschakka-Seminar die Arme nach oben reißen und für ein paar Stunden oder Tage bestenfalls die Misere in ihrem Leben versuchen zu vergessen. Es braucht einen kleinen Rahmen mit anderen Menschen, die auch vorankommen wollen, das ist jedenfalls aus meiner Sicht optimal, denn dann kann ich mich als Teilnehmer auch mal in meine Gedanken zurückziehen, muss nicht immer mittendrin sein, kann von den anderen lernen. Aber ich stehe eben im Mittelpunkt und nicht der gefeierte Trainer, der sich am besten noch dabei filmen lässt, was er für ein cooler Typ auf der Bühne ist. So funktioniert persönliche Veränderung sicher nicht. Wir dürfen uns als Mensch wahrgenommen, respektiert fühlen und dem Trainer vertrauen, dass er die berufliche Kompetenz und die persönliche Reife hat, unsere Themen zu lösen. Nur, weil er sich auf einer Bühne oder im Internet feiern lässt, heißt das noch gar nichts. Wir brauchen einen Menschen, der selbst Kinder erzogen hat, der auch Erfahrungen mit Partnerschaften und all den vielen anderen Herausforderungen eines ganz normalen Lebens gesammelt und diese erfolgreich gelöst hat.

Wir brauchen neue Ideen für unsere Zukunft

Natürlich fühlt sich jeder von uns im Leben mal ganz mies und hat den Eindruck, von den Problemen einfach vollkommen überfordert zu sein. In solchen Phasen glauben wir oft, der Einzige zu sein, der überhaupt an seinen Problemen scheitert. Doch das ist nicht wahr, im Gegenteil gehört jeder von uns, der diese Probleme hat, einfach nur zum „Club der ganz normalen Menschen".

Das mag an dieser Stelle kein vollständiger Trost sein, denn davon gehen die Probleme ja auch noch nicht weg. Doch es ist eine Einladung zu einer Reise, die ich eben jedem normalen Menschen empfehlen möchte. Um es ganz simpel auf den Punkt zu bringen: Wir Menschen möchten einfach gerne glücklich sein. Punkt! Das war es schon. Wir wollen unser Leben selbst gestalten, es im Griff haben, weil uns das glücklich macht. Wir wollen einen anderen Menschen lieben und von ihm geliebt werden, weil es uns glücklich macht. Wir wollen unsere Ängste und Sorgen überwinden, weil sie uns vom Glück abhalten. Und wir möchten gerne fröhliche, lockere Vorbilder für unsere Kinder und für andere Menschen sein, die uns bei unserem Leben zuschauen, damit sie glücklich werden. Doch für all dies dürfen wir neue Verhaltensweisen lernen. Davon handelt dann die Reise, zu der ich jeden Leser dieses Buches einladen möchte.

Jeder kann sich verändern

Wie kann man seine Herausforderungen meistern und ein individuell er-fülltes, leichtes und entspanntes Leben führen – ohne teure Coaching-sitzungen oder endlose Therapiebesuche? Ich glaube fest daran, dass jeder Mensch das Potenzial hat, sein Leben zu verbessern und seinen ganz per-sönlichen Weg zum Glück zu finden. Und das ist viel einfacher, als die meisten Menschen glauben. Woher ich das weiß? Nun ja, ich habe mich selbst vor nun fast 30 Jahren auf diese Reise begeben. Das ist eine ganz schön lange Zeit und ich habe sie genutzt, um ganz viel auszuprobieren, was nicht hilft und was mich nicht vorangebracht hat. Dann habe ich allerdings auch ein paar Techniken und Modelle gefunden, die ganz prima funktionieren und die einen schnell und einfach voranbringen können. Um diese Ideen und Erkenntnisse geht es nicht nur in diesem Buch, sie sind auch der wichtigste Bestandteil meines ganzen Lebens.

Wie ist das Leben denn im Moment?

Wer etwas Neues im Leben auszuprobieren möchte und offen und bewusst ist, neue Entscheidungen für sein Leben zu treffen, soll die notwendigen Ansätze, konkrete Ideen, und eben die bestmögliche Unterstützung von mir bekommen. Kann ja sein, dass jemand schon seit Jahren das Gefühl hat, gar nicht sein richtiges Leben zu leben. Dass er sich von der Gesellschaft oder den Lebensumständen fremdbestimmt fühlt, überfordert oder ausgelaugt.

So viele Menschen empfinden genau dies in dieser Zeit, eine Leere in sich, die sie nicht einfach wieder loswerden. Viele dieser Menschen konsumieren dann zu viel Alkohol, rauchen oder nehmen sogar härtere Drogen, um das alles nicht mehr zu fühlen. Oder sie betäuben sich mit Fernsehen, Social Media und Partys mit Freunden oder Bekannten. Das Ziel ist immer dasselbe: Bloß nicht fühlen, was gerade innendrin los ist. Lieber sich selbst betäuben, als das alles zu fühlen und sich die eigenen Probleme einzugestehen.

Der angeblich gute Tropfen ist nur eine Betäubung

Gesellschaftlich ist das nicht einmal geächtet, da wird „von dem guten Tropfen" gesprochen, der den regelmäßigen Alkoholkonsum schönredet. Und es werden fleißig Studien zitiert, dass der Wein angeblich gut ist für den Körper. Das kann am Ende nur jeder selbst für sich beurteilen, ob Alkoholkonsum wirklich Genuss bedeutet oder ob es eine Methode ist, vor dem Leben zu fliehen, weil dann die Probleme zumindest mal einen Abend lang nicht so erdrückend wirken? Ich komme aus einer Familie, die dem Alkohol im großen Stil zugesprochen hat, und die meisten meiner Verwandten sind an den Folgen des Alkoholkonsums gestorben. Insofern kann ich das für mich sehr gut einschätzen und ich bedaure, dass diese Menschen keinen anderen Weg gefunden haben, um ihre Probleme und Ängste in den Griff zu bekommen.

Das alles kann man schon machen, ich möchte hier niemanden bekehren, ich möchte nur ein paar Alternativen aufzeigen. Wegzurennen war schon in der Jugendzeit keine Lösung und dem einen oder anderen von uns wird das erst bewusst, wenn wir älter sind. Keine Frage, wegzurennen macht zumindest erst einmal das Lebensgefühl besser, doch diese Leichtigkeit ist oft teuer erkauft, weil sie nicht von Dauer ist und meistens langfristig Probleme verursacht, die wir kurzfristig nicht gesehen haben.

Denn viele Menschen, die meine Seminare besuchen und meinen Podcast hören, waren einmal an der derselben Stelle. Sie hatten aufgehört, an sich und an das Leben zu glauben. Daher half ihnen auch die langfristige Perspektive nicht, sie wollten den kurzfristigen Kick, den Erfolg, das Glücksgefühl, das ein leckeres Stück Torte oder eben die Party auslösen können. Doch wenn es dann ein Leben aus lauter Partys wird, wenn der Kuchen zur normalen, alltäglichen Ernährung und der Alkohol jeden Abend zu einem Muss wird, dann merken wir vielleicht gar nicht sofort, dass wir auf dem Holzweg sind. Dann heißt es umdrehen, und zwar möglichst schnell.

Glückliches-Leben-Verhinderer

Die Frage darf sich am besten jeder Leser gleich schon am Anfang dieses Buches stellen: Was hält mich aktuell davon ab, mein Leben entspannter, freier und damit am Ende glücklich zu gestalten? Ganz bestimmt antworten die meisten von uns sogar mit einer gewissen Nachdrücklichkeit: Nichts! Halt, stopp! Einen kleinen Moment Geduld bitte. Darf ich erst einmal zum Nachdenken anregen?

Denn ich kenne mich nun schon ein bisschen mit dem typisch menschlichen Verhalten aus und da lassen sich viele beeindruckende Phänomene beobachten. Etwa dass Menschen, die sich schon seit vielen Jahren darauf freuen, dass ihre Kinder das Zuhause verlassen, flügge werden und in die Welt streben, sodass die Eltern dann endlich frei von allen Verpflichtungen ihr Leben gestalten und genießen können, genau das nicht tun, wovon sie all die Jahre geträumt haben. Einige kaufen sich dann – vielleicht schon einige Jahre, bevor die Kinder gehen – ein neues Haustier, ein Hund oder eine Katze sind da sehr beliebt, ein Wellensittich geht auch. Dann kann man nämlich leider – ach wie schade – doch wieder nicht auf Weltreise gehen, weil ja eben das Haustier da ist. Doch dass es nur eine Ausrede ist, um nicht mit den eigenen Ängsten umzugehen, das kann einem dann niemand vorwerfen. Kleine Hunde sind schließlich sooooo süß.

Das sind – in meiner kleinen Welt – auch Ablenkungsmanöver, so wie der Alkohol und die Partys auch. Es sind die Verhaltensweisen, die uns jetzt davon abhalten, wirklich zu leben. Keine Frage, Zigaretten, Alkohol und andere Drogen sind schlimm. Doch die Arbeit kann auch zur Sucht werden. Oder wenn jemand jedes Wochenende Freunde besuchen muss, um sich möglichst nie mit sich selbst zu beschäftigen.

Ablenkungen können zur Sucht werden

Auch Social Media mit Instagram, TikToc, Pinterest und die vielen anderen Möglichkeiten, viele Stunden sinnlos zu verballern, sind solche Ablenkungen, die eben auch zur Sucht ausarten können. Aktuelle Studien aus Amerika berichten von diesem Suchtverhalten und es kann einem angst und bange werden, was sich da durch die weltweite Vernetzung an neuen Trends zeigt. All das hält ganz viele Menschen davon ab, sich auf das Glück in ihrem Leben zu konzentrieren.

Doch keine Frage: Wer glücklich werden möchte und bereit ist, etwas in seinem Leben zu verändern, der darf sich dem Thema widmen, darf Zeit investieren und sich darum kümmern. Von alleine wird das nichts! Das ist so ähnlich wie mit dem Thema „Geld" und wie mit anderen Fähigkeiten auch: Wer gut kochen lernen möchte, der muss das üben. Wer ein guter

Liebhaber werden will, sollte sich dem Thema viele Stunden widmen. Und wer viel Geld haben möchte, der darf sich um dieses Thema eben auch kümmern.

Weglaufen hilft nicht

Ein wirklich freies Leben zu beginnen, das hat also vor allem auch damit zu tun, jetzt mal innezuhalten und ehrlich hinzuschauen, sich des eigenen Verhaltens bewusst zu werden und kritisch zu fragen, ob ich vor irgendetwas weglaufe, mich seit Jahren drücke, die Wahrheit nicht sehen will. Ich kenne Menschen, die von ihrem Partner schon vor vielen Jahren betrogen worden sind. Sie haben sich, als sie es damals erfahren haben, nicht getrennt, obwohl es sie bis in die tiefsten Tiefen ihres Inneren verletzt hat. Ich weiß genau, wovon ich hier spreche, denn ich habe es selbst in meiner ersten Ehe erlebt. Es tut unendlich weh und ich bin der Meinung – Marcs kleine Welt, also nur meine Meinung! –, dass so etwas nie wieder in Ordnung kommen kann.

Oft ist der Preis zu hoch

Doch mancher bleibt trotzdem einfach in der Beziehung, zieht sich zurück, um nur nie wieder verletzt zu werden. Es mag noch den Vorteil mit sich bringen, dass man dem anderen dann ein Leben lang Vorwürfe machen kann, man hat ihn sozusagen in der Hand. Aber ist der Preis, den man dafür bezahlt, nicht viel zu hoch? Glücklich zu werden hat auch damit zu tun, dass man aufräumt in seinem Leben und viele Beispiele in diesem Buch handeln genau davon. Und jeder von uns darf offen sein für neue Ansichten, die man übernehmen kann oder nicht, nur überhaupt mal anzunehmen, dass es andere Wege geben kann, als man bisher dachte, das kann schon der entscheidende Fortschritt sein, der einen im Leben voranbringt.

Es gibt so viele Ablenkungsmöglichkeiten

Man kann immer wieder den Job wechseln oder sich mit zu viel Arbeit betäuben, sich mit One-Night-Stands durchs Leben vögeln, ständig umziehen und weglaufen, ans andere Ende der Welt ziehen oder sich mit privaten und beruflichen Terminen Monate im Voraus alle Möglichkeiten verbauen, sich mal mit sich selbst und seinem Leben auseinanderzusetzen. Keine Frage, das moderne Leben bietet mehr Ablenkungsmöglichkeiten, als wir überhaupt wahrnehmen können. Doch diese Flucht vor sich selbst, die eben auch in einer unglücklichen Beziehung stattfinden kann, verhindert das Glück. Das ist alles, was ich dazu sagen kann: Wer glücklich und entspannt sein will, sein Leben selbst gestalten möchte und wirklich bereit dazu ist, der darf in seinem Leben aufräumen. Es immer weiter herauszuschieben ist definitiv die schlechteste aller Lösungen.

Eines Tages schauen wir zurück

Ich glaube, dass wir alle eines Tages sehr bewusst und vielleicht sogar von einer höheren Ebene aus zurückschauen auf dieses Leben. In dieser Rückschau werden die Ausreden, die der eine oder andere von uns heute so gerne vorschiebt, nicht mehr gelten. Mangelnder Mut, die Kinder, der Druck des Lebens, der miese Chef oder die untreue Partnerin, das sind alles nur ganz normale Lebensthemen. Und selbst wenn wir das ganze Leben immer nur darauf achten, dass wir in Sicherheit sind, überall Probleme wittern oder schon vorher versuchen, jeder Schwierigkeit aus dem Weg zu gehen, das sind alles noch keine Verhaltensweisen, die in der Rückschau als ein schönes Leben gelten können. Egal welche Ausrede wir heute haben, um uns nicht um das Leben unserer Träume und unser größtes Glück zu kümmern, in der Rückschau werden diese ganzen wortreichen Lügengebilde zu Staub zerfallen. Die x-te Versicherungspolice und selbst die beste Lebensversicherung, sie werden mein Leben nicht schöner, angenehmer und leichter machen.

Es gibt keine Ausrede dafür, nicht sein volles Potenzial zu leben und sich zu bemühen, glücklich zu sein. So wie es auch keine Ausrede dafür gibt, andere Menschen schlecht zu behandeln, zu betrügen oder zu übervorteilen. Abgerechnet wird zum Schluss und jeder wird mit sich selbst abrechnen. Das ist ein Aspekt, der gerne übersehen wird.

Es gibt eine Übung dazu, die man machen kann, um sich der langfristigen Folgen des eigenen Verhaltens bewusst zu werden: Man schreibt einfach eine Rede zum eigenen 90. oder 100. Geburtstag und man schreibt auf, auf welches Leben man dann zurückschauen möchte. Das kann dem einen oder anderen helfen.

Es ist die eigene Verantwortung

Unser Leben handelt davon, dass wir die Verantwortung für einen Menschen übernehmen. Es ist unsere Zuständigkeit, das Leben dieses Menschen zu einem ganz wundervollen Erlebnis zu verwandeln. Wie würden wir das Leben für ihn oder sie gestalten? Wir würden dafür sorgen, dass dieser Mensch möglichst keine Sorgen und Ängste ausstehen muss, die darf er überwinden lernen. Er soll möglichst viele schöne Stunden verleben, sich weiterbilden, sich mit schönen Dingen umgeben. Sicher würden wir ihn auch gut ernähren und ihm gute Bücher zu lesen geben, aus denen er lernen kann. Wir würden wollen, dass dieser Mensch seine Vorlieben entwickeln kann, wenn er gerne reist, würden wir ihm Reisen buchen, wenn er gerne Auto fährt, dann würden wir ihm tolle Autos mieten oder kaufen.

Wir würden darauf achten, dass er sich wohlfühlt in seinem Leben, ganz egal, was die anderen darüber sagen. Wir würden ihn immer weiter neue Dinge ausprobieren und neue Fähigkeiten lernen lassen. Wir würden dafür sorgen, dass dieser Mensch gute Freunde hätte, nette Menschen in seinem Leben und einen ganz tollen Beruf, den er liebt. Wir würden darauf achten, dass er immer mal was Neues tut und dass er sich in den Mittelpunkt stellt – nicht die ganze Zeit, aber doch immer mal wieder. Wir würden darauf achten, dass unser Mensch seine einzigartigen Fähigkeiten und Eigenschaften entfaltet und zum Wohl der anderen Menschen einsetzt. Dieser Mensch, um den es hier geht, das sind wir, das ist jeder Einzelne von uns. Wir haben die Verantwortung und die Chance, das Leben für uns selbst optimal zu gestalten.

Es wird Probleme geben, Herausforderungen, echt doofe Situationen, das ist alles okay. Es wird Themen geben, bei denen wir vielleicht Jahre benötigen, um sie zu lösen. Das ist alles Bestandteil von: Willkommen im Club der ganz normalen Menschen. Doch das alles bedeutet nicht, dass wir unser eigenes Leben nicht wunderschön gestalten können und dass wir lernen können, wie das genau funktioniert.

Das ist die Idee dieses Buches: Willkommen zur Reise in ein wirklich angenehmes, leichtes, erfolgreiches und sorgenfreies Leben!

2. Die Probleme haben sich verändert

Wir leben zweifelsohne in einer besonderen Zeit, zumindest in unserem Land ist es eine Zeit, die von weit verbreitetem Wohlstand gekennzeichnet ist, die allermeisten von uns haben zumindest in diesem Leben praktisch keinerlei ernst zu nehmenden Mangel erlebt. Wir hatten immer genug Essen, es gab eine erfreuliche Zukunftsperspektive für die meisten von uns und damit konnten wir uns vermutlich zum ersten Mal seit Hunderten, wenn nicht sogar seit Tausenden von Jahren um andere Themen kümmern als unsere Vorfahren. Denn selbst die Generation unserer Eltern und Großeltern hatte da noch ganz andere Themen, sie hatten entweder einen oder zwei Kriege selbst erlebt beziehungsweise überlebt oder sie gehörten bei dem einen oder anderen von uns der Nachkriegsgeneration an, die noch unter den Folgen des Zweiten Weltkrieges zu leiden hatte.

Diese Elterngeneration hatte logischerweise aufgrund der eigenen Erfahrungen und der Art und Weise, wie sie von ihren Eltern großgezogen worden sind, vollkommen andere Werte und einen anderen Lebenshintergrund. Ihr Leben handelte von der Existenzsicherung, von der Verfügbarkeit einer Unterkunft, von genügend Essen und von der Absicherung dieses Lebens im Allgemeinen. Das war letztlich das Fazit, das sie aus dem Krieg gezogen haben, und das ist ja auch absolut verständlich. Wir als Kinder dieser Generation oder sogar als Kindeskinder kennen diese Art von Mangel nicht mehr. Es kann natürlich trotzdem sein, dass wir den hohen Wert „Sicherheit" von der Kriegs- und Nachkriegsgeneration übernommen haben, aber das hat bei den allermeisten von uns nichts mit persönlichen Erfahrungen zu tun.

Die Bedürfnispyramide

Zu diesem Thema gibt es auch wissenschaftliche Modelle wie die Bedürfnispyramide des amerikanischen Psychologen Abraham Maslow. Diese Bedürfnispyramide ist ein psychologisches Modell, das menschliche Bedürfnisse in einer hierarchischen Struktur darstellt. Die Pyramide besteht aus fünf Ebenen, wobei die grundlegendsten Bedürfnisse an der Basis liegen und die höheren Bedürfnisse weiter oben.

5. Selbstverwirklichung
Persöhnliche Entwicklung, Kreativität, Potenzial

4. Anerkennung & Wertschätzung
Selbstachtung & Respekt von anderen

3. Sozialbedürfnisse
Zugehörigkeit, Freundschaft & Liebe

2. Sicherheitsbedürfnisse
Schutz, Stabilität & Sicherheit

1. Existenzbedürfnisse
Nahrung, Wasser, Schlaf & Wärme

Die erste Ebene umfasst die grundlegenden physiologischen Bedürfnisse wie Nahrung, Wasser, Schlaf und Wärme. Die zweite Ebene beinhaltet Sicherheitsbedürfnisse wie Schutz, Stabilität und Sicherheit. Die dritte Ebene besteht aus sozialen Bedürfnissen wie Zugehörigkeit, Freundschaft und Liebe. Die vierte Ebene umfasst die Bedürfnisse nach Anerkennung und Wertschätzung, einschließlich Selbstachtung und Respekt von anderen. Die oberste Ebene, die Selbstverwirklichung, bezieht sich auf das Streben nach persönlicher Entwicklung, Kreativität und das Erreichen des eigenen Potenzials. Laut Maslow müssen die Bedürfnisse der unteren Ebenen erfüllt sein, bevor man sich auf die höheren Bedürfnisse konzentrieren kann.

Die Eltern können das oft nicht nachvollziehen

Wenn wir die Welt vor dem Hintergrund dieses Modells sehen, dann wären wir tatsächlich die erste Generation, bei der die ersten drei Ebenen ausreichend erfüllt sind, sodass wir die vierte und fünfte Ebene zu einem wesentlichen Inhalt unseres Alltags machen können. Diese Erkenntnis hat verschiedene Implikationen.

Es bedeutet, dass unsere Eltern typischerweise nicht verstehen können, warum uns das so wichtig ist. Sie sind in einer Zeit groß geworden, die durch Mangel in der ersten und zweiten Ebene geprägt war, und viele von ihnen haben bestenfalls die dritte Ebene der Bedürfnispyramide erreichen können. Darüber sind die meisten unserer Eltern nicht hinausgekommen. Für alle, die ab den 60er-Jahren des letzten Jahrhunderts geboren sind, gelten ganz andere Spielregeln, sie haben die meiste Zeit ihres Lebens versucht, auf der vierten und fünften Ebene der Bedürfnispyramide aktiv zu sein und ihre Bedürfnisse in diesem Bereich zu vervollkommnen.

Insofern könnte man natürlich auch sagen, dass wir aktuell zumindest in einem reichen Land wie Deutschland oder generell in Europa Herausforderungen und Probleme haben, die unsere Vorfahren nicht kannten und mit denen sie sich niemals konfrontiert sahen. So sind auch Missverständnisse innerhalb von Familien zu erklären, wenn etwa die Eltern nicht verstehen können, warum ein Kind viel Geld für die persönliche Weiterentwicklung und zum Beispiel den Besuch von Seminaren ausgibt. Es gelten einfach vollkommen andere Spielregeln und andere Bedürfnisse für das Leben in unserer Zeit. Natürlich können äußere Umstände wie Naturkatastrophen oder entsprechende politische Missstände oder Kriege dafür sorgen, dass sich auch die aktuelle Generation auf eine niedere Stufe der Bedürfnispyramide begeben muss. Doch aktuell bin ich der Überzeugung, dass sich die meisten von uns – mit kleinen Dämpfern durch politisch verursachte Umstände abgesehen – im Wesentlichen auf der vierten und fünften Ebene der Bedürfnispyramide befinden.

Wie gehen wir mit neuen Problemen um?

Wenn wir uns der Thematik von dieser Seite aus nähern, dann ist vollkommen klar, warum die Werkzeuge der vorhergehenden Generation für unsere Probleme und vor allen Dingen für die Lösung dieser Probleme nicht tauglich sind. Um das ganz konkret zu machen: Viele Menschen sind auch heute noch der Meinung, dass sich mit ausreichend viel Geld praktisch jedes Problem in ihrem Leben lösen lässt. Deswegen ist es so anerkannt, einen Job zu suchen, in dem man viel Geld verdient, dieses Geld dann geschickt anzulegen an der Börse oder vielleicht sogar in Immobilien, um damit noch mehr Geld zu erwirtschaften. Wenn man sich das aber genauer anschaut, dann ist es letztlich der Versuch, ein Werkzeug, das auf den ersten drei Ebenen der Bedürfnispyramide ausgesprochen wirksam ist, für Probleme auf der vierten und fünften

Ebene der Bedürfnispyramide anzuwenden. Kein Wunder, dass das nicht funktionieren kann.

Für den Einzelnen bedeutet dies, dass wir bereit sein dürfen, uns die Probleme genauer anzuschauen, unter denen wir leiden. Und wir dürfen gleichzeitig bereit sein, vollkommen neue Lösungen zu finden und andere Lösungen anzunehmen, an die wir bisher noch nicht gedacht haben. Wir sind einfach ganz miserabel vorbereitet auf ein Leben in einer Zeit, bei dem eben absehbar die Existenz der meisten von uns weitgehend gesichert ist und das auch bleibt.

Experten für neue Lösungen finden

Wir sehen uns also vor die Aufgabe gestellt, für unsere neuen Probleme und Herausforderungen Experten zu finden, die neue Lösungen haben. Wenn ein Mensch in dieser Zeit Schwierigkeiten hat, mit seinem Leben klarzukommen, dann empfehlen Freunde, Verwandte und vielleicht auch Menschen im Arbeitsumfeld typischerweise Psychologen und Gesprächs-therapeuten sowie eventuell noch einen Psychiater, denn die Vermutung ist, dass dies allesamt Experten für die modernen menschlichen Probleme sind. Ob das wirklich so stimmt, das wage ich zu bezweifeln. Natürlich gibt es Krankheitsbilder – und auch bei diesen müsste man die Definition nach meiner Erfahrung sehr gründlich hinterfragen –, die ernst zu nehmende psychische Störungen sind. Und Menschen, die solche ernst zu nehmenden psychischen Störungen haben, sollten unbedingt einen der genannten Experten aufsuchen. Daran führt kein Weg vorbei.

Doch es darf die Frage erlaubt sein, ob die genannten Experten auch dann richtig sind, wenn es um die Herausforderungen geht, die sich aus einem Leben auf der vierten und fünften Ebene der Bedürfnispyramide ergeben.

Wir haben einfach nicht gelernt, welche Verhaltensweisen wir benötigen, um geschickt auf diesen Ebenen zu leben, uns in geeigneter Weise zu verhalten und aus dem Feedback, das wir bekommen, die richtigen Schlüsse zu ziehen. Die Erziehung unserer Eltern konnte uns darauf nicht vorbereiten, weil unsere Eltern eben in einem vollkommen anderen Modell der Welt gelebt haben.

Die meisten Ratgeber, Lehrer, Coaches und Trainer sind auch heute noch nicht in der Lage, uns ein angemessenes Verhalten für die neuen Probleme beizubringen. Auch sie agieren vor dem Hintergrund eines Weltbildes, das einfach mit der aktuellen Lebenssituation der meisten von uns nichts mehr zu tun hat. Das bedeutet auch ganz konkret, dass diese Menschen uns die falschen Lösungen anbieten, selbst dann, wenn sie es wirklich gut mit uns meinen und uns nicht einfach nur das Geld aus der Tasche ziehen wollen.

Lösungen im alten Weltbild

Was sind nun diese Lösungen in dem alten Modell der Welt? Das eine Thema habe ich schon genannt: Geld. Es ist nicht von der Hand zu weisen, dass Menschen, die über ausreichende finanzielle Ressourcen verfügen, ganz viele Probleme mit diesem Geld lösen können. Doch es gibt schon Studien darüber, dass es keinen Zusammenhang zwischen den finanziellen Möglichkeiten eines Individuums und der Fähigkeit gibt, glücklich zu sein. So zum Beispiel eine Studie von Daniel Kahneman und Angus Deaton, die 2010 veröffentlicht wurde. In dieser Studie untersuchten die beiden Forscher den Zusammenhang zwischen Einkommen und subjektivem Wohlbefinden. Die Studie stützte sich auf Umfragedaten von mehr als 450.000 US-Bürgern.

Kahneman und Deaton fanden heraus, dass es einen positiven Zusammenhang zwischen Einkommen und Lebenszufriedenheit gibt, jedoch nur bis zu einem bestimmten Schwellenwert, der damals bei etwa 75.000 US-Dollar Jahreseinkommen lag. Ein Einkommen, das über diesen Betrag hinausging, führte nicht zu einer signifikanten Zunahme des Glücks oder der Lebenszufriedenheit.

Das ist natürlich faszinierend und es passt wundervoll in das Modell von Maslows Bedürfnispyramide. Geld kann einen sozusagen bis zur vierten Ebene dieser Pyramide bringen, darüber hinaus verpufft seine Wirkung. Jetzt könnte man natürlich einwenden, dass man sich zumindest auf der dritten und vierten Ebene der Pyramide noch Anerkennung kaufen kann, wenn man genügend viel Geld hat. Und tatsächlich ist das ein Verhalten, dass man bei vielen Menschen mit viel Geld beobachten kann. Sie kaufen sich sozusagen Freunde, laden diese zum Essen ein oder überhäufen sie mit großzügigen Geschenken. Mindestens unterbewusst ist diesen Menschen dann auch klar, dass das gar keine wirklichen Freunde sind.

Eigentum ist auch eine Lösung

Eine weitere typische Lösung für das alte Modell der Welt ist der Erwerb von Eigentum, möglichst sogar von Häusern oder Wohnungen, in denen andere Menschen leben. In vielen Büchern wird propagiert, dass das die beste Möglichkeit ist, sich gegen die Unsicherheiten des Lebens abzusichern. Ich möchte das gar nicht kritisieren, sondern an dieser Stelle nur darauf hinweisen, dass es wieder mal eine Lösung ist, die nur für die ersten zwei Ebenen der Bedürfnispyramide tauglich ist. In den höheren Ebenen hilft diese Lösung nicht weiter.

Doch es lässt sich noch etwas anderes beobachten: Viele Menschen verschulden sich in dieser Zeit für ihre Immobilie, also ein eigenes Haus, das sie dann viele Jahre lang abzahlen. Sie nehmen dafür entsprechend hohe Kredite bei der Bank auf und sind abhängig vom Zinsmarkt und von vielen anderen Faktoren, die entsprechend natürlich wieder für eine Unsicherheit sorgen, für Stress und Druck.

Ich erinnere mich daran, dass zum Beispiel meine Mutter ihr ganzes Leben lang schlaflose Nächte hatte wegen der Kredite, die sie bei der Bank hatte. Natürlich gibt es viele Menschen, denen es ähnlich geht und die sich ihren Besitz dann schönreden mit dem Hinweis darauf, dass sie eben für die vielen Sorgen und schlaflosen Nächte auch einen Gegenwert geschaffen hätten. Sie verweisen auf die Sicherheit, die ihnen angeblich die eigene Immobilie gibt. Was wäre jedoch, wenn die Unsicherheit, die der große Bankkredit in vielen Menschen auslöst, dafür sorgen würde, dass sie sich eben nicht auf eine höhere Ebene der Bedürfnispyramide begeben können, eben weil sie Angst um ihre Existenz haben?

Manchmal sind die Zusammenhänge ganz anders als gedacht

Das würde letztlich bedeuten, dass die Menschen selbst dafür sorgen, dass sie sich nicht um die neuen Probleme kümmern müssen beziehungsweise kümmern können, weil sie ja immer noch um ihre Existenz bangen müssen. Ich vermute, dass dies ein typisches Kennzeichen einer Übergangszeit ist. Gleichzeitig bin ich mir sicher, dass man diese ganze Entwicklung auch anders beurteilen kann und es wäre definitiv möglich, dass ich mit meiner Einschätzung der Zukunft viel zu naiv und optimistisch bin. Denn natürlich gibt es mächtige Menschen, die davon profitieren, uns in Angst und Schrecken und in dem Gefühl zu halten, dass wir existenziell bedroht sind.

Denn wenn wir diese Angst haben, dann sind wir leicht zu manipulieren und wir sind bereit, für diese mächtigen Menschen viel Geld zu verdienen und ihnen noch mehr Macht zu geben, als sie ohnehin schon haben. Doch das ist ein anderes Thema.

Es ist ein Glück, sich um das Glück zu kümmern

Wir haben also im wahrsten Sinne des Wortes Glück gehabt und das wird uns vor allen Dingen auch dann bewusst, wenn wir uns mit dem Rest der Menschheit vergleichen. Laut dem Global Wealth Report der Credit Suisse besitzen die reichsten ein Prozent der Weltbevölkerung etwa 43 Prozent des weltweiten Vermögens, während die ärmere Hälfte der Bevölkerung nur etwa ein Prozent des globalen Vermögens besitzt. Nordamerika und Europa hatten 2020 den größten Anteil am globalen Gesamtvermögen. Bedeutet, wir haben einfach Glück gehabt, weil wir hier geboren sind.

Jetzt könnte ich in diesem Buch endlos darüber lamentieren, ob wir wirklich glücklicher sind in all unserem Wohlstand und ich könnte weitere Studien darüber zitieren, wie viele Menschen allein in Deutschland aktuell unter Depressionen leiden und mit ihrem Leben nicht mehr klarkommen. Doch ich möchte diese Aspekte aus einem neuen Blickwinkel sehen: Wir haben eine einmalige Chance, die es auf diesem Planeten offensichtlich schon einige tausend Jahre nicht mehr gegeben hat. Es geht darum, dass wir Probleme auf einer Ebene lösen können, die wir bisher nicht kannten und die für uns vollkommen neu ist.

Das bedeutet doch logischerweise nicht, dass es für uns einfacher ist, glücklich zu sein und unser Leben so zu gestalten, wie wir wollen, als für jemanden, der irgendwo in Afrika oder Asien unter sehr ärmlichen Bedingungen lebt, dafür aber eine eigene Hütte hat und genügend zu essen.

Ich möchte jetzt gar nicht diskutieren, dass viele Menschen auf diesem Planeten hungern und dass ich das geradezu unerträglich finde. Mir geht es um eine andere Frage: Nur weil wir genügend finanzielle und materielle Ressourcen und genug zu essen haben, bedeutet das noch lange nicht, dass wir in der Lage sind, die Probleme auf unserer Ebene der Bedürfnispyramide leicht und einfach zu lösen.

Ich bemühe mich also mit meiner Arbeit darum, die Menschen dabei zu unterstützen, mit neuen Problemen und neuen Problemlösungsstrategien umzugehen, ein neues Verhalten zu üben, das in dieser Form zumindest lange Zeit auf unserem Planeten nicht mehr benötigt wurde und uns aus diesem Grund nicht bekannt ist. Eine Metapher mag das Dilemma verdeutlichen.

Der Neandertaler auf der Raumstation

Stell dir vor, ein Neandertaler hat sich eine kleine Axt gebastelt. In seiner großen Familie ist er damit zu einem Helden geworden, alle bewundern ihn für die Idee, wie er einen Ast mithilfe einer Tiersehne und einem Stein zu einem wundervollen neuen Werkzeug verwandelt hat. Er kann mit diesem neuen Werkzeug Dinge tun, die so bisher nicht möglich waren, weil alle anderen Familienmitglieder immer mit der Hand den Stein festgehalten haben und sich damit vielleicht häufiger verletzt haben, was jetzt durch die neue Axt nicht mehr nötig ist.

Nun versetzen wir diesen Neandertaler in eine moderne Raumstation, die bereits im All unterwegs ist. Er hat zum Glück sein Werkzeug dabei, die kleine Steinaxt, und wann immer irgendein Problem in dieser Raumstation auftaucht, hämmert er einfach mit seiner Axt auf den entsprechenden Bauteilen herum. Dabei stellt er nach einiger Zeit frustriert fest, dass immer mehr Bauteile kaputtgehen und dass es einen direkten Zusammenhang mit seiner Problemlösungsstrategie gibt, immer direkt mit der Axt zuzuschlagen.

Klar, wir sind diesem Neandertaler in jeder Hinsicht überlegen und wir halten ihn für primitiv und vielleicht sogar für ein bisschen dämlich, dass er versucht, jedes Problem auf der Raumstation mit seiner kleinen Axt zu lösen. Sieht er denn nicht, wie bescheuert es ist, nimmt er denn nicht wahr, dass er einfach ganz neue Werkzeuge braucht, um mit den Problemen der modernen Zeit umzugehen? Ich weiß schon, das Beispiel ist ein bisschen extrem, aber sich darauf einzulassen, kann ja nicht schaden. Vielleicht versuchen die meisten von uns die ganze Zeit mit der falschen Strategie Herausforderungen zu lösen, die einfach ganz neue Werkzeuge benötigen.

Der Vergleich mit jemandem in Afrika hilft nicht

Das lässt sich dann konkret zum Beispiel auf das übertragen, was der eine oder andere Teilnehmer in meinem Seminar in Auseinandersetzungen mit den eigenen Eltern oder auch in der Partnerschaft erlebt: Wenn jemand unzufrieden ist mit seinem Leben, dann halten ihm andere Menschen gerne vor, er sei undankbar und solle sich mal mit jemandem in Afrika vergleichen, der froh wäre, so ein tolles Leben zu führen.

Das ist typisch, wenn Menschen so tun, als würden Probleme auf Ebene eins und zwei der Bedürfnispyramide irgendwie schlimmer sein als die Herausforderungen auf den Ebenen drei, vier und fünf. Das stimmt eben nicht, nur weil man in der Lage war – notfalls durch glückliche (Lebens-) Umstände – die Ebenen eins und zwei zu meistern, hat man keine besseren Werkzeuge für Ebene drei, vier und fünf.

Die Qualität der neuen Werkzeuge

Was sind denn die typischen Themen, mit denen Menschen in unserer Gesellschaft nicht klarkommen? Am wichtigsten scheint mir in dieser Zeit die Überforderung zu sein. Wir sind überfordert von den vielen Terminen, von den vielen Aufgaben, die wir praktisch zeitgleich erledigen müssen, sind überfordert vom Erwachsensein. Hinzu kommen Ängste, existenzielle Ängste, die vielleicht ein bisschen übertrieben sind, aber die immerhin den Vorteil haben, dass wir einige Werkzeuge kennen, um mit diesen Ängsten umzugehen. Vielleicht versucht der eine oder andere von uns sogar künstlich Ängste zu erzeugen und Sorgen zu haben, einfach nur, weil uns das das Gefühl gibt, dass wir unser Leben doch ein bisschen im Griff haben und es ganz normal ist, diese alten Gefühle zu haben.

Dann gibt es eben für viele die große Herausforderung, dass sie sich bemüht haben, all das zu erreichen, was Gesellschaft für erstrebenswert hält, um jetzt festzustellen, dass sie nicht glücklich sind, obwohl das das Versprechen war oder es zumindest so interpretiert wurde. Viele sind in materieller Sicherheit, leben in einer Partnerschaft, sind in jeder Hinsicht sogar vor möglichen Problemen geschützt, weil sie entsprechende Versicherungen haben. Doch sie fühlen sich nicht geliebt, sind nicht voller Elan bei der Arbeit, vermissen die Begeisterung und – noch schlimmer – geben sich die Schuld dafür, dass sie es nicht hinbekommen.

Eine Abwärtsspirale beginnt, denn aus dieser Misere gibt es keinen leichten Ausstieg. Wer sein Leben im Griff hat, materiell und so, der scheitert dann an der eigenen Unzufriedenheit. Die Werkzeuge, die früher jede Menge guter Gefühle gebracht haben, der Sieg über Konkurrenten im Job oder bei einem Wettbewerb, die totale Verausgabung beim Sport, das Überhäufen der Partnerin und der Kinder mit Geschenken und Geld und so viele früher geliebte Aktivitäten, sie machen heute nicht mehr glücklich. „Was nun?", lautet dann die verzweifelte Frage. Noch mehr verdienen? Die eigene Unzufriedenheit hinunterschlucken, ignorieren, einfach weitermachen wie bisher?

„Ich kann nicht mehr so weitermachen wie bisher." Mit diesem Satz kommen viele Menschen in meine Seminare. Sie haben verstanden, dass sie jetzt etwas lernen müssen, ihr Leben verändern dürfen. Sie haben verstanden, dass sie neue Werkzeuge benötigen, um auf dem neuen Level, auf dem ihr Leben ab sofort stattfindet, bestehen zu können und nicht einfach nur zu überleben.

Viele sind nicht kaputt, nur unglücklich

Es bleibt also die Erkenntnis, dass wir nicht kaputt sind, keinen Defekt haben, nicht fehlerhaft sind, sondern uns einfach nur in einer Zeit und glücklicherweise in einer Gesellschaft befinden, in der es einen Überfluss an materiellen Produkten, an Möglichkeiten, Ausbildungswegen und so vielem mehr gibt. Das mag sich aus der Sicht unserer Eltern nach Luxusproblemen anhören, was sich für uns als unüberwindbare Hürde darstellt, und vermutlich stimmt diese Wahrnehmung auch. Doch wir dürfen eben erkennen, dass es genau um diese Luxusprobleme geht. Wir sind in einer Zeit auf diesem Planeten und eben genau in Europa gelandet, weil wir Wege finden wollten, auf dieser Ebene menschlichen Lebens glücklich zu sein, unser Leben aktiv schön zu gestalten und eben auch Freundschaften und Partnerschaften ganz anders zu führen als früher.

Wir können doch ganz allgemein festhalten, dass sich der Wohlstand in den vergangenen 100 Jahren auf diesem Planeten deutlich ausgeweitet hat. Noch einmal ganz deutlich: Ich möchte nicht schönreden, dass viele Menschen wirkliche existenzielle Not erleiden und dass der Wohlstand auf diesem Planeten ungerecht verteilt ist, dass die Industrienationen den Planeten ausbeuten, dass wir mit Plastik und radioaktivem Müll den gesamten

Planeten verseuchen, die Umwelt ausbeuten, die Tiere töten und wirklich jede Menge Probleme erschaffen haben, für deren Lösung wir sicherlich tausend Jahre benötigen, wie die Hopi-Indianer vorhersagen. Das ist alles wahr und nicht das Thema dieses Buches.

Wenn wir uns anschauen, mit welcher Geschwindigkeit gerade auch die Digitalisierung, das Internet und all die damit verbundenen Möglichkeiten den Wohlstand rund um den Planeten ausdehnen, dann ist das doch geradezu ein Wunder. Und ich glaube nicht, dass es übertrieben ist zu behaupten, dass sich dieser Trend in den nächsten Jahren noch weiter beschleunigen wird. Auch in Afrika entstehen die ersten Start-ups von jungen Menschen, die das Internet, die künstliche Intelligenz und all die neuen und damit verbundenen Trends nutzen, um eine höhere Lebensqualität für ihre Landsleute herzustellen.

Die Entwicklung schreitet unglaublich schnell voran

Wird das noch zu meinen Lebzeiten jeden auf dem Planeten erreichen? Das glaube ich nicht, obwohl ich grundsätzlich ein optimistischer Mensch bin. Es steht auch außer Frage, dass wir gleichzeitig ein Risiko haben, dass wir an unseren selbstgeschaffenen Umweltproblemen, einem Dritten Weltkrieg oder irgendeinem anderen Schwachsinn untergehen. Doch ich möchte auch die Chance betonen, die wir haben, wenn wir lernen, mit den Problemen gut umzugehen, die sich auf unserer Ebene des Lebens stellen. Die anderen werden uns folgen, werden Wohlstand erreichen und dann könnten sie, wenn wir uns bemühen, davon profitieren, dass wir auf den höheren Ebenen der Bedürfnispyramide gelernt haben zu leben und wenn wir eben neue Lösungen für neue, ganz andere Probleme menschlichen Daseins gefunden haben.

Bereit für das Glück und die Liebe

Ich möchte es einfach so sehen, dass wir in unserer Gesellschaft und mit unseren Möglichkeiten auf der Basis unseres Lebensstandards, der eben sehr hoch ist, ebenfalls einen wichtigen Beitrag zur Zukunft der Menschheit auf diesem Planeten leisten können. Denn nehmen wir einfach mal positiv an, dass sich die künstliche Intelligenz in absehbarer Zukunft – und damit meine ich die kommenden 50 Jahre – zu einer hilfreichen Technologie entwickelt, die uns Menschen noch mehr Zeit verschafft, die noch mehr Möglichkeiten mit sich bringt, als wir heute schon haben, und die uns neben finanziellem und materiellem Wohlstand eben auch vor allen Dingen mehr Zeit beschert, dann können wir mit der Lösung unserer heutigen Probleme für die uns nachfolgende Generation einen ganz wichtigen Beitrag leisten.

Denn es ist absehbar, dass sich unsere Nachkommen nicht mehr durch die Arbeit definieren können. Heute ist der Beruf ein wichtiger Teil der eigenen Identität, ja, ich möchte so weit gehen zu sagen, dass ganz viele Menschen sich überhaupt nur über ihre Tätigkeit und zum Teil sogar auch nur über ihren Beruf, den sie schon vor vielen Jahren gelernt haben, definieren. So stellen sich sogar Rentner sehr gerne als „Arzt", „Chemiker" oder als „Beamter" vor. Das ist in unserer Zeit keine Besonderheit, dass uns jemand seinen Beruf nennt, bevor er uns seinen Namen sagt, oder dass zumindest der Beruf unmittelbar auf den Namen folgt. „Guten Tag, mein Name ist Marc Pletzer, ich bin Trainer und Autor."

Bald haben wir nur noch Freizeit

Das wird sich in dem Moment auflösen, in dem wir aufgrund der modernen Technologien vielleicht nur noch eine oder zwei Stunden am Tag arbeiten müssen, wenn überhaupt. Wenn erst Roboter und die künstliche Intelligenz die allermeisten alltäglichen Arbeiten verrichten und wir dafür keine Menschen mehr einsetzen müssen, werden viele von uns vermutlich mit einem allgemeinen Grundeinkommen ausgestattet sein und damit nur noch Freizeit haben.

Was ist der Sinn des Lebens?

Genau dadurch kommen wir dann auf der fünften Ebene der Bedürfnispyramide zu ganz neuen Fragestellungen. Der Sinn des Lebens ist es dann nicht mehr, möglichst viel Geld zu erwirtschaften, einen möglichst guten Job zu haben, möglichst besser ausgebildet zu sein als die allermeisten Menschen. Sondern es wird darum gehen, mit sich selbst glücklich und zufrieden zu sein, seine psychischen Probleme in den Griff zu bekommen und ausreichend motiviert zu sein beziehungsweise sich selbst motivieren zu können, um auch physisch auf dem Stand der Dinge zu bleiben.

Der Film „WALL·E - der Letzte räumt die Erde auf" hat meiner Meinung nach eine zu negative Perspektive für die Menschheit entwickelt. Zumindest gebe ich mein Leben dafür, dass wir als Menschheit uns in eine andere Richtung entwickeln, selbst dann, wenn unsere Arbeitskraft eben für alltägliche Dinge nicht mehr so sehr benötigt wird.

Neue Kompetenzen

Auf der neuen Ebene geht es um menschliche Reife, es geht um die Fähigkeit, die eigenen Ängste, Sorgen und Probleme, die eher seelischer Natur sind, in geeigneter Weise zu meistern. Erwachsensein bedeutet dann nicht mehr, ein eigenes Haus zu haben, möglichst zwei Kinder, zwei tolle Autos, eine Miele-Waschmaschine, eine Miele-Spülmaschine und bestenfalls noch einen Miele-Trockner und einen Miele-Staubsauger, so sehr ich diese Produkte mag und so gut ich sie finde, weil sie so typisch deutsch sind. Qualität ist alles. Ich setze mich dafür ein, dass wir auch als Menschen eine hohe Qualität haben, dass wir sozusagen psychisch und physisch qualitativ hochwertig sind, dass wir lernen, die Ängste zu überkommen, uns Ziele zu setzen und damit ein Leben zu erschaffen, das im wahrsten Sinne des Wortes wundervoll ist.

Menschen diese Fähigkeiten beizubringen, die für die neue Zeit absolut erforderlich sind, davon handelt mein gesamtes Leben und davon handelt eben auch dieses Buch. Ich hoffe, dass zu diesem Zeitpunkt klar geworden ist, dass wir diese neuen Fähigkeiten dringend benötigen. Heute werden sie in der Welt der Wirtschaft gerne noch etwas herablassend als „Softskills" bezeichnet und die Mitarbeiter werden in Seminare geschickt, um diese Fähigkeiten auszubilden. Doch ich bin der Meinung, dass diese Sicht der Dinge die tatsächliche Entwicklung, die wir in den kommenden Jahren erleben werden, nicht im Entferntesten richtig einschätzt.

3. Wenn bloß die Angst nicht da wäre

„Jetzt werde mal nicht leichtsinnig!" Wenn es einen Satz gibt, den meine Eltern mir gepredigt haben, dann ist es dieser. Dabei hört sich das „leicht" und das „sinnig" doch so gut an, leicht sollte doch etwas Positives sein. Doch das ist es nicht und es mag mal wieder typisch deutsch sein, dass wir jede Entscheidung gefühlte hunderttausendmal abwägen, das Für und Wider vergleichen und uns dann, endlich, am besten nach Wochen erst, zu einer Entscheidung durchringen, die wir hoffentlich nicht bereuen müssen. Aus dieser Herangehensweise spricht so viel Angst und zugleich wird nicht nur der Versuch unternommen, möglichst vernünftig zu sein. Nein, Menschen, die hadern, tun gerade so, als könnten sie die Zukunft vorhersagen.

„Ich habe Kinder, eine Frau, ein Haus, wenn ich jetzt etwas in meinem Leben ändere, dann verliere ich vielleicht alles." Das ist eine typische Befürchtung, die Menschen haben, wenn sie über eine anderes Leben und über große Ziele nachdenken. Daraus lässt sich etwas Wichtiges lernen: Angst ist nicht logisch. Ich selbst habe am Beispiel meiner Tochter lernen dürfen, wie wahr dieser Satz ist.

Angst ist nicht logisch

Alles begann damit, dass ich mit meinen Kindern Disneyland in Florida besucht habe. Die beiden waren damals drei und vier Jahre alt, also noch ziemlich klein, und meine jüngere Tochter saß in einem Buggy, mit dem ich sie durch die Gegend rollte, weil sie noch nicht so lange laufen konnte. Schließlich ist Disneyland riesig. Ich erinnere mich an die dann folgende Szene, als wäre sie erst gestern passiert: An einer Stelle trafen wir auf Goofy und Pluto, die beiden Disney-Charaktere. Natürlich handelt es sich nur um Kostüme, die aber sehr realistisch sind, sodass gerade ein kleines Kind nicht erkennen kann, dass es sich um verkleidete Menschen handelt. Pluto kam direkt auf uns zu und ich freute mich sehr darüber, denn ich mag den großen Hund, der so ein bisschen tollpatschig ist.

Er beugte sich von oben über meine Tochter, die eben in dem Buggy saß, um ihr mit seiner ledernen Zunge scheinbar durchs Gesicht zu lecken. Meine kleine Tochter brach in Panik aus, sie fing an zu schreien und ich brauchte einen Moment, um zu verstehen, was genau passierte. Natürlich muss der Anblick für sie ganz schlimm gewesen sein, weil sich plötzlich ein riesiger Hund über sie beugte, den sie vielleicht vorher gar nicht richtig gesehen hat, vielleicht weil ihre Augen geschlossen waren, ich weiß es nicht mehr genau. Auf jeden Fall hatte sie seit diesem Zeitpunkt panische Angst vor allen möglichen Figuren, in denen Menschen versteckt waren. Sie war einfach nicht zu beruhigen.

Natürlich sind die nicht bedrohlich

Heute sind meine Töchter längst erwachsen, sie sind Anfang 30, und ich spreche hin und wieder mal mit meiner Tochter über das Ereignis mit Pluto. Interessant ist, dass sie bis heute einen gewissen Respekt vor solchen Menschen in Kostümen hat. Logisch weiß sie natürlich, dass da ein ganz normaler Mensch drinsteckt. Doch ihr Unterbewusstsein beschützt sie weiter. Diesen Aspekt einer ganz normalen Angst kann ich an dieser Stelle nicht überbetonen, also noch mal: Angst ist nicht logisch! Selbst wenn wir genau wissen, wie die Angst entstanden ist, was damals passiert ist, und selbst dann, wenn wir Jahre später absolut logisch wissen, dass diese Angst vollkommen unnötig ist, ändert das nichts an unserem Verhalten.

Angst zu haben ist verpönt

Angst zu haben ist in unserer Gesellschaft verpönt. Deswegen sind viele Menschen noch nicht einmal bereit, die eigene Angst wahrzunehmen. Sie sprechen vielleicht davon, Sorgen zu haben oder sich Sorgen zu machen wegen der Zukunft. Vielleicht möchte jemand sein Geld nicht verlieren und aus diesem Grund kümmert er sich darum, das Geld gewinnbringend anzulegen. Ein anderer Mensch geht arbeiten, um das Geld für die Miete zusammenzubekommen und für die anderen Ausgaben, die er jeden Monat hat. „Das ist doch alles ganz normal", mag jetzt der eine oder andere Leser denken. Das stimmt, es ist nach meiner Beobachtung ein ganz normales Verhalten der Welt, in der wir aufgewachsen sind und die wir kennen. Doch das bedeutet nicht, dass das der optimale Weg ist, um ein glückliches und schönes Leben zu leben!

Daher habe ich eine radikale These:

Die allermeisten Menschen tun die allermeisten Dinge, die sie tun, nur aus dem Grund, dass sie etwas vermeiden wollen, was sie befürchten.

Okay, diesen Satz muss niemand gleich für bare Münze nehmen, den kann man sich in aller Ruhe anschauen und auf den Wahrheitsgehalt hin überprüfen. Ich mach das eh grundsätzlich mit allen Thesen und Gedanken, die ich äußere, die gehören ja schließlich zu meiner kleinen Welt. Ich möchte meine Leser damit zum Denken bringen, zum Nachdenken über ihr Leben.

Also: Was bedeutet der obige Satz genau? Ich nehme wahr, dass ganz viele Menschen sich der Motivation nicht bewusst sind, mit der sie in eine neue Aufgabe oder in einen neuen Tag starten. Sie denken viel zu wenig darüber nach, warum sie die Dinge tun oder sagen, die sie den ganzen Tag tun oder sagen. Bei genauem Hinschauen habe ich dann festgestellt, dass ganz viele Menschen einfach nur durch Angst motiviert sind. Ich mache das gerne anhand einiger Beispiele deutlich:

- Als junger Mensch muss man möglichst studieren, denn wenn man nicht studiert, verdient man später nicht genug und dann kann man seine Familie nicht ernähren.

- Man muss Kinder bekommen, damit man eine vollwertige Frau ist. Ohne Kinder fehlt etwas, man hat dann auch später niemanden, der für einen da ist und der einen besuchen kommt.

- Ich muss meine Arbeit behalten und weitermachen, auch wenn ich den Beruf nicht mehr mag oder ich ihn sogar noch nie gemocht habe. Sonst verliere ich alles und muss unter die Brücke ziehen.

- Ich muss ein eigenes Haus haben, damit die anderen sehen, dass ich erfolgreich bin und mir das leisten kann. Das Haus muss möglichst so groß oder besser noch größer sein als das der Nachbarn, damit die nicht schlecht über mich denken oder hinter meinem Rücken über mich reden.

- Anstatt mir etwas Schönes zu gönnen, spare ich das Geld für schlechte Zeiten. Wenn dann schlechte Zeiten kommen, dann habe ich hoffentlich genug Geld, damit die schlechten Zeiten nicht so schlecht seien, wie sie wären, wenn ich das Geld nicht gespart hätte. Außerdem würde ich mir sonst in den schlechten Zeiten Vorwürfe machen, dass ich das Geld in den guten Zeiten nicht gespart habe.

Zugegeben, diese Beispiele müssen nicht auf jeden von uns zutreffen, sie mögen sogar weit hergeholt erscheinen. Doch das Muster ist entscheidend und dieses Muster lautet, Angst und andere negative Gefühle zu vermeiden, in dem wir den ganzen Tag Dinge machen und Aufgaben nachgehen, von denen wir glauben, dass sie die befürchteten negativen Konsequenzen verhindern. Doch das hat ein paar Effekte und basiert auf Vorannahmen, die ich nicht mal eben teile:

- Kaum ein Mensch hat überhaupt mal ausprobiert, ob die befürchteten Konsequenzen überhaupt eintreten. Das bedeutet konkret, dass viele Sorgen einfach nur halluziniert sind. Dass wir uns also von halluzinierten Konsequenzen unter Druck setzen lassen, das ist schon mal nachdenkenswert.

- Vor den halluzinierten Sorgen wegzulaufen ist sicher eine der schlechtesten Möglichkeiten, im eigenen Leben so etwas wie Glücksgefühle zu erreichen. Denn Sorgen und Angst sind eben genau die entgegengesetzten Gefühle zu Glück und Liebe. Konkret: Selbst wenn jemand alle Sorgen und Ängste aus seinem Leben verbannen könnte, wäre er noch lange kein fröhlicher Mensch, der ein glückliches Leben lebt.

- Wenn wir Aufgaben nachgehen, um damit halluzinierte negative Konsequenzen zu vermeiden, bin ich mir ziemlich sicher, dass uns die meisten dieser Aufgaben keine Freude bereiten werden. Wie soll jemand seine Berufung ausleben, wenn er den lieben langen Tag nur Sachen macht, die ihm helfen sollen, dem Druck auszuweichen? Das kann nicht funktionieren und es ist im Übrigen unlogisch.

Wir tun also so, als wären wir in Sicherheit, wenn wir uns durch die Angst motivieren lassen. Gleichzeitig unterlassen wir alles, was jemand anderer oder wir selbst als „leichtsinnig", „übereilt" oder im weitesten Sinne negativ bewerten könnte(n). Diese Sicherheit ist eine Illusion, so wie die Angst eben auch nur vorgestellt, nur halluziniert ist. Denn diese Sicherheit gibt es nicht im Leben. Das ist jetzt keine Aufforderung, aus einem funktionierenden Flugzeug zu springen oder so etwas zu machen. Hier geht es erst einmal darum, das eigene Leben und die eigene Lebensweise genauer anzuschauen und eben auch mal zu hinterfragen, ob das alles noch sinnvoll ist, so wie ich es jeden Tag lebe.

Wir brauchen ein neues Verhalten

Die allererste Erkenntnis der Menschen, die zu mir kommen, meinen Podcast hören oder eines meiner Bücher lesen, ist die, dass es immer um das Verhalten eines Menschen geht. Das ist alles, worum es im Leben geht. Etwa neue Methoden, um unsere Ängste zu überwinden. Für mich persönlich ist das das Wunder des Modells des Neurolinguistischen Programmierens, kurz NLP, das ich in meinen Seminaren lehre. Denn es gibt inzwischen sehr effektive Wege, die eigenen Ängste in den Griff zu bekommen und dauerhaft aus dem Leben zu beseitigen, zumindest die Ängste, die ein Leben nicht voranbringen.

Im Moment ist es mir nur wichtig, festzuhalten, dass Ängste der Gegenspieler eines glücklichen und fröhlichen Lebens sind. Wer sich also den ganzen Tag lang von Sorgen und Ängsten motivieren lässt, wird zum Beispiel viele Aufgaben nur deshalb erledigen, weil er Angst hat vor dem negativen Feedback des Vorgesetzten, dem wird es schwerfallen, in diesem Lebensbereich glücklich zu sein. Dasselbe gilt auch im Privatleben: Wer zum Beispiel Angst hat vor einem Streit mit der eigenen Partnerin oder dem eigenen Partner, der wird sich im Lauf der Zeit eben auch angewöhnen, die Dinge zu vermeiden, die in der Vergangenheit für einen Streit gesorgt haben. Auch um diese Themen geht es hier, denn natürlich kann man sich selbst als „konfliktscheu" oder eben als „Harmoniemensch" bezeichnen. Doch bei genauem Hinsehen kann es eben sein, dass diese Begriffe nur eine andere, schönere Formulierung dafür sind, dass man vor seinen Ängsten wegläuft.

Die Angst vor dem Verhungern und dem Sterben

In meinem Modell von Welt ist es am Ende oft die Angst vor dem Verhungern, dem Alleingelassen werden und letztlich damit die Angst vor dem Sterben, die uns antreibt. Das ist auch ganz natürlich, denn das ist das Wichtigste, was wir verlieren können, unser Leben. Ich möchte an dieser Stelle und in diesem Buch gar nicht darauf eingehen, dass wir es in jedem Fall verlieren. Diesen Planeten hat noch kein Mensch je lebend verlassen, zumindest nicht auf Dauer. Es ist das natürliche Ende. Doch wie gesagt, damit möchte ich mich hier nicht länger beschäftigen.

Ich erwähne das Thema aus einem anderen Grund: Wenn wir schon so viele Dinge in unserem Leben tun, um den Sorgen und Ängsten aus dem Weg zu gehen, dann darf ja die Frage erlaubt sein, was wir überhaupt befürchten. Ich stelle meinen Teilnehmern regelmäßig diese Frage und wir kommen letztlich immer wieder darauf, dass die meisten von uns, wenn sie den Gedanken konsequent zu Ende denken, davon ausgehen, dass das Unterlassen einer Handlung letzten Endes zum Tod führt. Dazu gibt es natürlich immer auch Zwischenschritte, etwa dass wir aufgrund unseres Verhaltens alle Freunde verlieren, dann unter der Brücke landen und dann tot sind. Oder dass wir eben unseren Job verlieren, dann die Miete nicht mehr bezahlen können oder die Raten für den Hauskredit, dann auf der Straße leben müssen oder unter der Brücke und eben dann am Ende sterben.

Unter der Brücke ist es immer kalt

Interessant an diesem halluzinierten Angstszenario ist im Übrigen – auch das habe ich in meinen Seminaren herausgefunden –, dass es unter der Brücke immer eiskalt ist. Das heißt, die Menschen stellen sich immer vor, dass sie im Winter obdachlos werden, dann unter der Brücke landen, dort entsetzlich frieren und daran zugrunde gehen. Niemand stellt sich vor, dass er im Sommer unter der Brücke landet, in einem Zelt lebt, von irgendjemandem eine Angel geschenkt bekommen hat, dass das Feuer schon brennt und nur der Fisch noch gefangen werden muss, der dann genüsslich verspeist wird. Das wäre ja dann eben auch nicht motivierend.

Ich möchte nun das Zu-Ende-Denken der Konsequenzen nicht für jede Angst und jede Sorge empfehlen, die wir im Leben haben. Allein schon deshalb nicht, weil wir uns damit viel zu sehr mit unseren Sorgen und Ängsten beschäftigen würden. Auf der anderen Seite halte ich es einfach auch nicht für eine gute Methode, um Ängste und Sorgen zu überwinden, da gibt es eben deutlich bessere und deutlich wirksamere. Ich möchte allerdings an dieser Stelle sehr deutlich darauf hinweisen, dass die halluzinierten Ängste bei den meisten von uns entsprechend halluzinierte, völlig aus der Luft gegriffene und rational oft auch nicht nachvollziehbare Folgen haben.

Angst ist ein Glückskiller

Noch einmal deutlich: Ängste und Sorgen sind nur in unserem Kopf, sie sind halluzinierte Konsequenzen unseres Verhaltens, und wir haben im Lauf des Lebens gelernt, uns mit der Vermeidung der Angst zu motivieren. Insofern hatte sie lange Zeit eine gute Absicht, einen wichtigen Platz in unserem Leben, die Angst hat schließlich bei vielen Menschen dafür gesorgt, dass sie morgens aufstehen, ihren Job machen und all die anderen Dinge, die sie im Lauf eines normalen Tages so machen. Der wichtige Punkt ist dann allerdings, dass die aus Angst und Sorgen resultierende Motivation gleichzeitig ein Glückskiller ist, und wir sollten alles daransetzen, die Glückskiller aus unserem Leben zu beseitigen.

Angst bedeutet, sich schlimme Szenen vorzustellen

Ein Gefühl der Angst entsteht in einem Menschen dann, wenn er sich zum Beispiel in der aktuellen Situation, in der noch nichts passiert ist, vorstellt, wie etwas Schlimmes passieren könnte. Und diese schrecklichen Filme in seinem Kopf, die Situationen, die er gedanklich vorwegnimmt, die lösen dann in diesem Menschen ängstliche Gefühle aus. Viele Menschen, die eine Depression haben, machen sich einfach traurige, negative Bilder von der Zukunft. Je länger sie dies üben, umso besser werden sie darin, weil unser menschliches Gehirn alle Abläufe automatisiert, wenn wir es entsprechend trainieren.

Wenn wir Menschen also irgendwelche Probleme in unserem Leben haben, dann können wir zunächst einmal davon ausgehen, dass sie eine direkte Folge unseres Verhaltens sind. Wenn wir lernen können, uns in den entsprechenden Situationen anders zu verhalten als vorher, dann werden sich die Probleme lösen oder dann können wir lernen, anders mit ihnen umzugehen. Das ist die Basis meiner Arbeit und das ist letztlich alles, wovon meine Seminare handeln.

Der entscheidende Unterschied zu vielen anderen Methoden ist dabei, dass ich nicht eine heute vorhandene Verhaltensweise durch eine einzige neue Verhaltensweise ersetze. Die Methoden, mit denen ich arbeite, handeln davon, dass Menschen flexibler agieren und sich immer wieder neu und anders verhalten, also verschiedene neue Lösungen finden. Das macht frei, weil ich dann eine neue Wahlmöglichkeit in jeder Situation finde.

Geeignete Vorbilder und Methoden

Woran also die meisten von uns scheitern, ist die Unfähigkeit, sich neue Verhaltensweisen zu überlegen und diese im Alltag auf ihre Tauglichkeit zu überprüfen. Wir dürfen einfach erkennen, dass unsere Eltern, Lehrer und andere Menschen, die wir als große Vorbilder in unserem Leben haben oder hatten, uns für unsere Ängste und Sorgen keine Lösung anbieten konnten. Diese Menschen waren sich meistens nicht bewusst, dass ihre eigenen Verhaltensweisen die entsprechenden negativen Gefühle in ihnen ausgelöst haben. So kannten sie eben auch keinerlei Methoden, mit Ängsten, Sorgen und anderen negativen und bedrückenden Gefühlen umzugehen, außer diese zu ignorieren, sie wegzudrücken oder ihnen eine neue Bedeutung zu geben, sie sich also schönzureden.

Muss ich mich einer Angst stellen?

Ängste wurden dann umgedeutet in Themen, denen man sich stellen muss. Oder die Eltern gaben sich die größte Mühe, jede Angst zu vermeiden und in möglichst vielen Lebensbereichen kein Risiko einzugehen. Kein Wunder, dass für ganz viele Menschen in unserer Gesellschaft der Wert „Sicherheit" das alltägliche Verhalten mehr bestimmt als jeder andere Wert. Selbst die persönliche Freiheit, das Leben so zu gestalten, wie man möchte, wird in solchen Familien gerne dem Wert Sicherheit geopfert, so als würden sich Freiheit und Sicherheit gegenseitig ausschließen.

Diese Menschen wählen einen sicheren Job, sie bleiben selbst dann in einer Beziehung, wenn diese schon lange nicht mehr von liebevollem Umgang und guten Gefühlen geprägt ist, Hauptsache sie sind sich des anderen Menschen sicher. Die Kinder solcher Eltern werden in aller Regel auch ein hohes Sicherheitsbedürfnis haben, auch sie werden sich sehr früh darum bemühen, keine Risiken einzugehen.

Ich liebe dich, also mache ich mir Sorgen

Viele Teilnehmer berichten mir, dass ihre Eltern ganz viele Ängste haben und sich in ihrem Leben immer weiter zurückziehen. Es scheint geradezu so zu sein, dass viele Menschen das Sich-Sorgen-Machen gleichsetzen mit jemanden zu lieben. Nach dem Motto: „Wenn ich mir nur ausreichend viele Sorgen um dich mache und mir dauernd vorstelle, was dir alles passieren könnte, dann zeige ich dir damit natürlich nur, wie wichtig du mir bist. Denn wenn du mir nicht wichtig wärst, dann würde ich mir natürlich auch keine Sorgen um dich machen, dann wärest du mir sozusagen egal."

Mir geht es gar nicht darum, diese Einstellung zu kritisieren. Ich glaube nur nicht daran, dass sich auf diese Weise ein glückliches Leben erfahren lässt. Dazu möchte ich noch mal auf etwas hinweisen, das ich oben schon kurz erwähnt habe: Unser menschliches Gehirn kann In nahezu jeder beliebigen Weise programmiert werden. Was bedeutet diese Programmierung? Es geht einfach nur darum, dass wir unterbewusst bestimmte Verhaltensweisen immer wieder ausführen, wenn sie einmal gelernt wurden. Eben genauso wie das Nasebohren oder Nägelkauen irgendwann automatisch ablaufen, der Mensch, der das tut, ist sich dessen gar nicht mehr bewusst.

Um bewusster zu sein und bewusster durch das Leben zu gehen, ist die Sprache und der überlegte Umgang mit der Sprache der Schlüssel. Wenn wir beginnen, uns selbst (!) und auch anderen Menschen bewusster zuzu-hören, dann fällt es uns viel leichter, unser Leben noch positiver zu leben. Unser Bewusstsein und die Fähigkeit, bewusst durch das Leben zu gehen, zu lernen, uns und andere wahrzunehmen, diese Dinge sind ganz eng mit der Sprache verknüpft. Je bewusster wir im Leben sind, desto bewusster setzen wir Sprache ein. Je bewusster wir Sprache einsetzen, desto wacher werden wir für den Moment, desto intensiver tauschen wir uns mit ande-ren Menschen aus.

Sprachliche Bewusstheit und bewusstes Sprechen sind also eng miteinan-der verbunden, und nichts hat meine Veränderung in den vergangenen 30 Jahren mehr beeinflusst als meine Konzentration auf die Sprache. Ich lese viel und ich achte darauf, nur solche Bücher zu lesen, die von bewuss-ten Menschen geschrieben sind, die sehr sensibel mit Sprache umgehen. Nicht selten ist die Sprache und ist auch das, was wir sagen, der Grund, warum wir uns schlecht fühlen. Das kann an Missverständnissen liegen, daran, dass wir den anderen Menschen falsch verstanden haben oder falsch verstehen wollen. Wer in jedem Menschen eine Bedrohung sieht und ängstlich durchs Leben geht, der empfindet die Sprache vielleicht als eine Waffe, die andere gegen sie richten. Das muss ja nicht stimmen.

Bei sich zu bleiben hilft bei Konflikten

So ist es zum Beispiel sehr hilfreich, bei Konflikten nur über sich und das eigene Empfinden zu sprechen. Statt zu sagen: „Du bringst mich auf die Palme", womit ich ja die Verantwortung für mein Verhalten abgebe, mich zum Opfer mache und dem anderen dafür die Verantwortung gebe, könnte ich formulieren: „Ich fühle mich nach dem, was du gerade gesagt hast, wütend und hilflos, da ich nicht weiß, wie ich jetzt passend reagieren kann." Das ist eine Ichbotschaft und diese ist ein sehr schönes Beispiel dafür, wie der bewusste Umgang mit Sprache auch dabei helfen kann, sich der eigenen Gefühle so richtig bewusst zu werden. Wie oben schon geschrieben: Sprache und Bewusstsein sind eng miteinander verknüpft.

Auch Passivkonstruktionen helfen nicht weiter, weil sie Ross und Reiter nicht nennen. „Der Müll wurde nicht runtergebracht, wie es vereinbart war", ist ja unpersönlicher, als konkret zu sagen, worum es mir geht. „Ich hätte gerne, dass du den Müll jetzt runterbringst." Diese Aussage ist sehr klar und sehr schön. Damit kann der andere, wenn er über ein bisschen sprachliche Kompetenz verfügt, viel besser umgehen. „Wir müssen noch den Rasen mähen diese Woche" – auch eine beliebte – vor allem in Partnerschaften vorkommende – Formulierung des Alltags, und Männer erklären mir in meinen Seminaren, dass das bedeuten soll: „Mäh bitte den Rasen heute." Je klarer wir kommunizieren und auch die eigenen Wünsche und Bedürfnisse als Bitten zum Ausdruck bringen, umso schöner wird das Zusammenleben sein. Ein anderes Beispiel für die unbewusste Verwendung von Sprache, die im Alltag für viel Verwirrung sorgen kann, sind die sogenannten Nominalisierungen.

Angst ist eben kein Regenschirm, den man weglegen kann

Nominalisierungen sind Wörter, die man nicht in eine Schubkarre legen kann, die eben keine Gegenstände beschreiben, sondern sozusagen mentale Konzepte, es sind Substantive, die allerdings ein Verb enthalten, eine Tätigkeit beschreiben, zugleich allerdings ist der Vorgang an sich gelöscht und nicht erkennbar. Diese Wörter, von denen im Deutschen viele auf „-ung" oder „-heit" enden, etwa Verantwortung, Entscheidung, Berufung, Klarheit oder Schönheit, gaukeln uns vor, sie wären klar definiert. Doch das sind sie keineswegs, sie sind extrem ungenau und vollkommen ungeeignet, um einem anderen klar mitzuteilen, was man von ihm möchte. Leider haben wir in unserer Sprache eine Tendenz, den Fokus vom Verhalten abzulenken und so zu tun, als hätten wir es mit Gegenständen zu tun. Diese Gegenstände, die sich im Sprachgebrauch dann auch gerne mal wie wilde Tiere anhören, sind an und für sich nur Verhaltensweisen, schlechte Angewohnheiten letztlich wie das Nasebohren oder das Nägelkauen.

Das möchte ich gerne noch konkreter machen: Es gibt keine Angst, die einen aus der Hecke anspringt. Es gibt keine Depression, die einen überwältigt. Es gibt keine Trauer, mit der man leben muss, wenn sie einen einmal in den Griff bekommen hat. Unsere Sprache ist an dieser Stelle schon problematisch, denn Wörter wie „Angst", „Depression" oder „Trauer" sind sogenannte Nominalisierungen, es sind Substantive, die für konkrete Handlungen oder Verhaltensweisen stehen.

Angst ist also nicht wie ein Regenschirm, den wir nach draußen bringen können, auch wenn die Sprache eben so tut. Wir dürfen uns diese Nominalisierungen ganz genau anschauen, denn viele Missverständnisse im Alltag basieren auf ihnen. Diese können wir nicht verstehen und wir werden niemals genau wissen, was ein anderer Mensch damit meint, wenn er eine Nominalisierung verwendet. Niemand wird wirklich vom Pech verfolgt und Termine können einen nicht unter Druck setzen.

Termine machen keinen Druck, eine schlechte Planung schon

Das ist nur die Art und Weise, wie wir sprachlich mit diesen Themen umgehen. Doch wer unter den Ereignissen seines Lebens weniger leiden möchte, der darf den Begriff „Pech" ersetzen und muss hinschauen, was die dahinterliegenden Gefühle – oder noch konkreter – welche seiner Verhaltensweisen diese negativen Gefühle in ihm auslöst. Wer sich zu viele Termine in den Kalender einträgt, zu viele Aufgaben übernimmt, der fühlt sich unter Druck. Die Termine selbst machen keinen Druck, sein Verhalten führt dazu. Das ist ein gravierender Unterschied, wenn wir unsere Themen in diesem Leben lösen wollen, wie wir über unsere Herausforderungen sprechen.

Nominalisierungen verstärken unsere Probleme und machen uns zu Opfern

Glück und Erfolg sind solche Nominalisierungen, genauso wie Angst, Depression und Trauer. Obwohl sie für die meisten Menschen erstrebenswert sind, trifft auch auf diese Nominalisierungen dasselbe zu. Sie sind bei den meisten von uns nicht an ein konkretes Verhalten geknüpft und aus diesem Grund sind die meisten Menschen nicht in der Lage, die entsprechenden Gefühle dauerhaft in ihrem Leben zu halten. Ich höre und lese schon seit einigen Jahren immer wieder, dass es um die „Selbstliebe" gehen muss. Auch das ist wiederum eine Nominalisierung, die überhaupt keinen Sinn macht. Denn wie soll ein Mensch Selbstliebe finden, wenn er keine Idee hat, was die dazugehörige Verhaltensweise ist. Das ist – wie ich immer gerne sage – Nebel in Tüten, denn genau das sind Nominalisierungen.

Insbesondere in unserer wissenschaftlichen Fachsprache sind diese Wörter an der Tagesordnung, jemand scheint besonders gebildet zu sein, wenn er sie möglichst oft in seinen Text einbaut, ganz egal, ob es sich um gesprochene Sprache oder eben um einen geschriebenen Text handelt. Doch im Fall der Selbstliebe, des Glücks und des Erfolgs verhindern die Nominalisierungen die Möglichkeit, dass diese für die Menschen erreichbar sind, eben weil es keine Bewusstheit darüber gibt, was das konkrete Verhalten ist, mit dem sich diese Nominalisierungen, die natürlich gar nicht erreichbar sind, erreichen lassen sollen. Wir Menschen können also lernen, Dinge zu finden, die uns glücklich machen, wir können glückliche Gefühle trainieren, das Glück selbst können wir nicht finden, da es kein Gegenstand ist, den man finden könnte. Die Sprache spielt uns an dieser Stelle etwas vor, das uns auf eine falsche Fährte führen kann.

Was geht in meinem Kopf vor sich?

Je bewusster wir werden, desto mehr stolpern wir auch über das, was wir (nur) denken, also was in unserem Kopf abläuft, ohne dass es die anderen mitbekommen. Ich habe mich intensiv mit diesen inneren Dialogen beschäftigt und es stimmt, was in vielen Büchern steht, dass die meisten von uns sich wirklich ganz schlimm kritisieren. Wir gehen hart mit uns ins Gericht und es gehört zu den ersten Aufgaben in einem Seminar für Anfänger, dass ich diese inneren Dialoge mit geeigneten Maßnahmen stoppe und den Teilnehmern verschiedene Wege zeige, wie man im Alltag diese kritische Stimme abstellen und durch eine bessere und positive Stimme ersetzen kann.

Der Kommentator im Kopf

Bei dieser Arbeit bin ich dann gemeinsam mit meinen Teilnehmern noch auf eine andere Sache gekommen, die so normal ist, dass sie wohl kaum jemand wahrnimmt: Wir haben einen Kommentator im Kopf, der die ganze Zeit redet und alles bewertet, einordnet, vergleicht – kurz, er kommentiert einfach das ganze Leben. „Klar, weiß doch jeder", könnte man jetzt denken, aber das ist nicht wahr. Die meisten Menschen wissen das nicht und ich kann vorhersagen, dass der Kommentator im Kopf der meisten Menschen eben kein glücklicher Typ ist, eher ein Dauernörgler mit schrägen und oft auch überkommenen Ansichten. Hier kommt die entscheidende Botschaft: Diese Kommentarstimme ist unser Leben!

Sie hat sich im Lauf der Jahre gebildet, denn als Kinder hatten wir das nicht, da waren wir bewusst im Moment und der Moment brauchte keinen Kommentar. Doch das, was Eltern und Lehrer uns gezeigt und vorgemacht haben, ist in den meisten Fällen, dass wir die Kommentarstimme angeblich benötigen, um mit dem Leben klarzukommen. Das ist eine Lüge. Wir kommen in den meisten Situationen ganz ohne diese Stimme aus. Es ist sogar genau anders herum: Die Stimme verknüpft das, was wir jetzt erleben, mit dem, was wir schon kennen oder was wir befürchten oder was wir in der Zukunft haben wollen. Die Kommentarstimme holt uns also aus der Gegenwart ab und versetzt uns entweder in die Vergangenheit oder in die Zukunft.

Das steht dem Glück wohl am meisten im Weg und wer wirklich glücklich werden und sein Leben positiv gestalten will, muss diese Stimme und alle damit verbundenen Gedanken ein für alle Mal unter seine Kontrolle bringen. Ganz oft, wenn wir einen schönen Moment erleben, darf diese Stimme dann auch einfach schweigen. So funktioniert das Genießen des Augenblicks.

Ich habe mich zur Verfügung gestellt bekommen

Egal, wie sehr ich mich kritisiere oder mir mein Leben von dem Kommentator versauen lasse, an irgendeinem Punkt im Leben darf ich erkennen, dass es keine Alternative dazu gibt, mich so anzunehmen, wie ich bin, als der Mensch, der ich in diesem Leben geworden bin. Ja, ich kann mich ändern, lernen, anpassen und ein anderer Mensch werden. Doch im Moment habe ich nur mich, den Marc, der ich eben heute mit allen meinen

Eigenschaften und Fähigkeiten, Herausforderungen und Schwierigkeiten bin. Wie jeder von uns darf ich jetzt irgendwie meinen Frieden damit machen, dass ich der bin, der ich heute bin.

Das meine ich gar nicht so negativ, wie es sich vielleicht jetzt anhören mag, sondern durchaus positiv. Es bringt uns eben nur zu der Stelle, wo jedem bewusst wird, dass er nicht nur an seinen eigenen Fähigkeiten in Sachen Beruf oder Beziehung arbeiten darf, auch und vor allem der Umgang mit sich selbst darf kritisch überprüft werden. Ich kann mich den Rest des Lebens dafür kritisieren, wer ich (geworden) bin durch meine Kindheit, meine Schulzeit, mein heutiges Leben und all die damit zusammenhängenden Lebensumstände, die mich geprägt haben.

Mit NLP das eigene Leben zurückerobern

Oder ich finde, und das ist ein wichtiger Teil der Arbeit mit dem Modell des NLP, eine neue Idee, wie ich mit mir und dem Leben umgehe. Menschen lernen durch meine Seminare, wie leicht sie Ängste überwinden und neue Verhaltensweisen üben können. Damit darf ich dann zwar mit dem Status quo meinen Frieden machen, doch gleichzeitig weiß ich, dass ich noch ganz viel lernen kann und lernen möchte. Wir Menschen werden nicht fertig mit dem Lernen und die langweiligsten Menschen, die ich auf diesem Planeten getroffen habe, sind die, die meinen, schon alles gesehen, gelesen und erfahren zu haben, was es zu lernen und zu erfahren gibt. Das ist doch Quatsch! Wir werden uns für immer weiterentwickeln und das ist eine wunderschöne, positive Perspektive für das ganze weitere Leben. Niemand wird jemals fertig. Das Leben bedeutet, immer weiter zu lernen.

Da hilft es dann eben auch nicht, wenn ich mich mit anderen vergleiche. Ich bin grundsätzlich ein Gegner von jeder Art von Wettbewerb, weil ich in jeder Disziplin jemanden finden kann, dem ich entweder überlegen bin oder der mir überlegen ist. Sobald wir über Wettkampf reden und über den Vergleich mit anderen Menschen, bin ich fest davon überzeugt, dass wir am Ende nur Verlierer sehen werden. Wie steht es so schön in dem Buch Gespräche mit Gott: „Immer wird es jemanden geben größer oder geringer als du." Deswegen machen Vergleiche keinen Sinn und ich glaube, dass es sogar das Vergleichen mit anderen Menschen ist, das dazu führt, dass wir unsere Schwächen so gerne überspielen oder eben der Meinung sind, dies tun zu müssen.

Das Streben nach Erfolg

Genauso, wie wir alle danach streben, glücklich zu sein, sind wir wohl auch absolut davon überzeugt, dass es wichtig ist, erfolgreich zu sein. Vielleicht sind sogar die allermeisten von uns der Meinung, dass Erfolg die unbedingte Voraussetzung für Glück ist. Doch was bedeutet es genau, erfolgreich zu sein? Die meisten Menschen haben wohl keine genaue Vorstellung davon, was sie unter „Erfolg" verstehen. Meine Eltern wollten zum Beispiel immer, dass etwas aus mir wird. Bedauerlicherweise habe ich in meinem Leben viel zu spät festgestellt, dass ich ganz vergessen habe zu fragen, was dieses „Etwas" ist.

Es war bestimmt etwas ganz Großartiges, etwas Besonderes und das Einzige, was ich darüber sagen kann, ist, dass ich es nicht erreicht habe – zumindest nicht in den Augen meiner Eltern. Die leben inzwischen nicht mehr, aber sie waren mit meiner Art, das Leben zu gestalten, niemals wirklich zufrieden. Das ist nicht schlimm, ich glaube sogar, dass das in unserer Gesellschaft weit verbreitet ist. So streben die meisten Menschen nach Erfolg, aber wenn ich danach frage, was sie genau darunter verstehen, dann bekomme ich meist keine Antwort, mit der ich etwas anfangen kann.

Erfolg wird oft an Äußerlichkeiten festgemacht

Am einfachsten ist es dann wohl, dies an Äußerlichkeiten festzumachen. Ein prall gefülltes Bankkonto zu haben, ein eigenes Haus zu besitzen, mit einem Menschen verheiratet zu sein und vielleicht sogar eigene Kinder zu haben – all dies sind für viele Menschen auch heute noch die Beweise, dass sie ein erfolgreiches Leben führen. Jetzt habe ich allerdings schon bei vielen dieser Menschen genauer nachgeschaut, ich habe nachgefragt, wollte herausfinden, wie glücklich sie dieses normal erfolgreiche Leben macht.

Und dann habe ich etwas festgestellt: Egal wie sehr andere Menschen der Meinung waren oder sind, dass diese Menschen erfolgreich seien, sie selbst waren nicht dieser Meinung. Oft genug waren sie überfordert, die Beziehung zu ihrer Partnerin oder ihrem Partner war nicht schön, sie hatten praktisch keine Freunde, sondern haben sich fast nur auf ihre Kinder und die Familie konzentriert oder alles für ihre Karriere gegeben. Wenn ich sie dann direkt gefragt habe, ob sie glücklich sind mit ihrem Leben, dann habe ich ganz oft nur ausweichende Antworten bekommen.

„Normal" erfolgreich heißt nicht glücklich

Das Leben sei halt so, man müsse sich damit zufriedengeben und sobald die Kinder aus dem Haus wären, würde es besser werden. Auch in Sachen Partnerschaft hätten sie sich nur ein wenig auseinandergelebt und würden halt im Alltag nicht mehr so liebevoll miteinander umgehen können, weil sie so sehr unter Druck stehen würden. Nach einem glücklichen und schönen Leben hörte sich das für mich in aller Regel nicht an. Von daher möchte ich an dieser Stelle zumindest infrage stellen, ob ein erfolgreiches Leben – was immer das dann für den Einzelnen bedeutet – wirklich glücklich macht. Und wer bisher vor allen Dingen danach gestrebt hat, einen gesellschaftlich anerkannten Erfolg zu erreichen, der mit seinem eigenen Leben überhaupt nichts zu tun hat, der lebt sicherlich eine Illusion.

Vielleicht der Hintergrund von Burn-out?

Es gibt immer mehr Menschen in unserer Gesellschaft, die sich völlig ausgebrannt fühlen, gemeinhin wird das als „Burn-out" bezeichnet. Viele von ihnen haben viele Jahre hart gearbeitet und alle Ziele erreicht, die die Gesellschaft als erstrebenswert bezeichnet und wofür man gemeinhin ausgezeichnet und gelobt wird. Der andere Effekt, der zu diesen Erscheinungen führen kann, ist, dass viele Menschen vorgeben, stark zu sein, auch wenn sie sich in Wirklichkeit überfordert und schwach fühlen. Viele haben nie gelernt, die eigenen Gefühle angemessen wahrzunehmen, sich mit ihnen zu beschäftigen und sie dann eben auch zu überwinden.

Ein letzter Aspekt, der in Zukunft eine noch größere Rolle spielen wird, ist sicherlich die mangelnde Fähigkeit, dem normalen Leben standzuhalten. Gerade Kinder werden heutzutage von ihren Eltern überbehütet, sie geraten schon bei kleinsten Schwierigkeiten massiv unter Stress und reagieren dann mit Rückzug aus der Situation oder eben in der Folge sogar mit einem kompletten Rückzug aus dem Leben. All das sind ganz logische Entwicklungen, die einfach nur die Folge einer völlig ungeeigneten Kindererziehung und Schulzeit sind.

Die davon betroffenen Menschen fühlen die Leere, leider nehmen viele dann Drogen, die von Ärzten und Therapeuten verschrieben werden, um diese Leere zu überwinden – ein zweifelhaftes Unterfangen. Meine Beobachtung aus einigen Fällen ist, dass diese Menschen nicht gelernt haben, ihr Leben nach eigenen Maßstäben zu gestalten, sie haben sozusagen die gesellschaftlichen Ideale für bare Münze genommen und alles darangesetzt, diese zu erreichen, nur um dann festzustellen, dass diese Ideale gar nicht glücklich machen. Blöde Erkenntnis, vor allem dann, wenn man schon ein bisschen länger auf dem Planeten ist.

So habe ich bisher niemanden mit dieser Problematik des Burn-out kennengelernt, der große eigene Ziele hatte. Vielleicht ist das die einzige Fähigkeit, die „ausgebrannte" Menschen lernen dürfen: eigene Ziele zu finden und sich mit Begeisterung und Spaß daranzumachen, diese Schritt für Schritt auf fröhliche und leichte Weise zu erreichen. Für viele gestresste Manager sind allein schon die Wörter „fröhlich" und „leicht" im Arbeitskontext nicht vorstellbar.

Leben muss Kampf sein

Ein weit verbreiteter Irrtum lautet in diesem und auch in anderen Zusammenhängen, dass Arbeit schwer sein muss, dass Ziele schwer und nur mit harter, langer und intensiver Arbeit erreichbar sein müssen, wenn sie einen stolz machen können. Wenn sie nicht kämpfen, können viele Menschen überhaupt nicht stolz auf sich sein. Wir alle dürfen lernen, das Leben mehr zu genießen und angenehmer zu gestalten. Und genau so sollten wir auch unsere Ziele erreichen: Sie sollten klar im Blick sein und wir sollten immer genau wissen, wo wir hinwollen, doch dann sollten wir uns führen und leiten lassen, den inneren Impulsen folgen und diese Reise bewusst sehr angenehm gestalten. Das ist für mich die Idee hinter dem Leben und so kann es nicht passieren, dass man eines Tages ausgebrannt ist.

Mir geht es hier gar nicht darum, das Leben anderer Menschen zu kritisieren, ich habe nur für mich herausgefunden, dass ich einen anderen Weg zum Glück finden darf als die allermeisten Menschen. Das liegt nicht etwa daran, dass die allermeisten Menschen auf dem Holzweg sind, sondern vielleicht einfach nur daran, dass es für mich nicht funktioniert. Was für andere richtig war oder ist, muss ja schließlich für mich nicht richtig sein. Ich bin ein Mensch, der das Glück sucht und ich lebe heute viel glücklicher, als ich jemals in meinem Leben gelebt habe. Das hängt sicherlich auch damit zusammen, dass ich meine Werte verändert haben.

Glück und Freiheit stehen für mich nicht mehr in unmittelbarem Zusammenhang mit dem Geld, das ich verdiene, oder damit, dass ich ein eigenes Haus besitze. Und es hängt schon gar nicht damit zusammen, dass andere Menschen mein Leben und meinen Lebensstil bewundern oder toll finden müssen. Dieses Leben ist mein Leben und ich habe viele Jahre lang gearbeitet, um es so zu gestalten, wie es mir gefällt. Damit werde ich sicherlich niemals fertig werden, denn ich entwickle praktisch an jedem einzelnen Tag meines Lebens neue Ideen, wie ich noch fröhlich erleben kann oder Dinge tun kann, die ich unbedingt noch erleben möchte. Insofern ist mein Leben eine ewige Reise, die von einem glücklichen Moment zum nächsten geht. Das wird wohl niemals aufhören und das muss es auch nicht. Aber was andere Menschen darüber denken, wie ich lebe, das muss mir dabei wohl wirklich egal sein.

Mein Traumleben zu leben bedeutete umdenken und ausprobieren

So habe ich vor Jahren angefangen, mein Leben komplett neu und anders zu gestalten. Ich kannte dieses „normale" Leben, in dem man das ganze Jahr arbeitet, sich auf den Urlaub freut, dann wegfährt, dort möglichst intensive zwei oder drei Wochen verbringt, um dann wieder für längere Zeit völlig in der Arbeit zu versinken. Dann entdeckte ich, dass ich gerne in Projekten arbeite, die wenige Wochen dauern, am liebsten nur eine oder zwei, längstens fünf oder sechs, sonst verliere ich schnell die Lust. Das war mein ganzes

Leben lang schon so, es ist mir allerdings erst später aufgefallen, als ich über mich und die Lebensgestaltung bewusst nachgedacht habe.

Dann habe ich entschieden, dass ich etwas anders mache: Ich stellte den Seminarplan so um, dass ich nun drei bis vier Wochen am Stück Seminare gebe und dann drei Wochen frei habe. Das hat sich für mich nach kurzer Zeit schon als optimaler Plan herausgestellt. Freie Zeit ist dann nicht mehr der lang ersehnte Urlaub, in dem ich mich an den Strand lege und in der Sonne brutzele. Das mache ich auch immer noch gerne, doch in den drei oder vier freien Wochen schreibe ich eben auch Bücher wie dieses, plane Podcastthemen, besuche Seminare anderer Trainer, um weiter zu lernen, und lese viele, viele Bücher, um neue Impulse zu bekommen. Das ist das Leben meiner Träume und so liebe ich mein Leben.

Man muss nicht alles sofort ändern

Oder ich arbeite gerne in Cafés und Restaurants, das ist der perfekte Ort für mich, egal, ob das Restaurant am Strand liegt oder irgendwo an einer anderen schönen Stelle mit guter Aussicht. Ich habe in den Jahren viele schöne Plätze gefunden, an denen ich herrlich und sehr konzentriert arbeiten kann. Da wir heute quasi überall auf der Welt Internet haben, kann ich sogar an Webseiten arbeiten und andere Onlineaufgaben erledigen, wenn ich unterwegs bin. Für mich – und das muss nicht für jeden anderen gelten – ist das ein absolutes Freiheitsgefühl. Ja, ich kann mich gut alleine motivieren, brauche keinen Druck für die Arbeit, liefere gerne optimale Ergebnisse ab, das passt natürlich zu diesem Lebensstil. Doch es zeigt ja noch etwas anderes: Wir müssen nicht gleich alles ändern, können unsere Vorlieben anschauen, Verhaltensweisen oder neue Arbeitsweisen prüfen und dann entscheiden, was wir aus den Erfahrungen ableiten, die wir gesammelt haben.

Wann beginnt das „richtige" Leben?

Ein weitverbreitetes Dilemma besteht darin, dass viele Menschen der Meinung sind, dass ihr richtiges Leben noch gar nicht angefangen hat. Ich sage das gerne so: „Die meisten Menschen haben ihr richtiges Leben noch im Kofferraum." Was ist dieses „Leben in richtig", das da von den Menschen so gerne aufgeschoben wird? Von meinen Teilnehmern höre ich dazu gerne Folgendes: Viele sind einfach mehr oder weniger in ihr Leben hineingestolpert, sie haben – so wie die meisten anderen auch – die Schule besucht, haben dann eine Ausbildung oder ein Studium absolviert und sind dann mehr oder weniger zufällig in irgendeinem Beruf in irgendeinem Unternehmen gelandet. Manchmal war zufällig eine Stellenanzeige in der Zeitung, ein Freund hat einen auf etwas aufmerksam gemacht oder man hat durch die eigene Familie erfahren, dass es eine freie Stelle gab. Andere übernehmen einfach den elterlichen Betrieb und müssen sich so praktisch keine Gedanken über ihr Leben machen. So reiht sich bei den meisten Menschen ein Zufall an den anderen.

Leben wie es sich gehört

Wenn dann das Leben in – aus gesellschaftlicher Sicht zumindest – ordentlichen Bahnen verläuft, dann finden diese Menschen möglichst vor ihrem 30. Lebensjahr den passenden Partner oder die passende Partnerin, heiraten, bekommen Kinder, bauen ein Haus und leben dann einfach so vor sich hin, bis eines Tages die Kinder aus dem Haus sind und sie sich überlegen, was sie jetzt aus den verbleibenden Jahren machen. Der Vorteil dieser Lebensweise ist, dass man keine Schuld auf sich lädt und andere einem keine Vorwürfe machen können, weil man so lebt, wie es sich gehört – was immer das genau bedeutet. Also ist doch alles in Butter, oder nicht? Ja, wenn es jemanden dauerhaft glücklich macht.

Ansonsten gibt es etwas zu tun: Die eigenen Träume wieder zum Leben zu erwecken.

Ziele führen einen aus der Unzufriedenheit

Vermutlich wäre alles bestens, wenn da nicht bei dem einen oder anderen eine tiefe Unzufriedenheit wäre. Kann es nicht sein, dass wir Menschen spüren, dass es im Leben um mehr geht als um Besitz und Urlaub und einen möglichst sicheren Job? Ich glaube das und ich arbeite daran, dass Menschen ihre Träume, Wünsche und Visionen eines wirklich schönen Lebens wiederfinden oder entwickeln.

Solche Wünsche sind individuell verschieden, hängen von der eigenen Kindheit ab, von den Werten, die uns wichtig sind, und vermutlich auch noch von vielen anderen Faktoren. Während der eine am liebsten mit einem Auto quer durch Afrika fahren würde, würde der andere vielleicht gerne in einer Hütte in Kanada leben oder Pferde züchten, eine Straußenfarm aufbauen oder vielleicht ein eigenes Unternehmen gründen. Wie gesagt, diese Wünsche sind individuell verschieden und vielfältig, sodass ich sie hier natürlich gar nicht alle aufzählen kann.

Den eigenen Traum töten

Doch sobald Menschen ihren Traum gefunden haben, werden mir ganz viele auch gleich mindestens einen, besser zwei oder vielleicht sogar drei Gründe nennen, warum dieser Traum niemals wahr werden kann und niemals wahr werden wird. Da sind auch häufig sehr vernünftige Gründe drunter, logische Erklärungen. Einige haben wegen dieser Argumente ihren Lebenstraum schon vor langer Zeit beerdigt. Keine Frage, der Vorteil eines beerdigten Wunsches oder Traumes ist, dass es eben nicht mehr weh tut, wenn man ihn endgültig beerdigt hat. Nicht zu träumen und keine Wünsche zu haben ist aus diesem Grund eben wirklich vorteilhaft. Ich bin allerdings der absoluten Überzeugung, dass wir auf diesem Planeten sind, dass wir leben, um unsere Träume wahr zu machen.

Wünsche können und dürfen sich verändern

Natürlich müssen diese Wünsche und Träume nicht ein Leben lang gleich bleiben, denn unsere Wünsche können sich verändern und dadurch, dass wir jeden Tag etwas Neues erleben, ist es nur ganz natürlich, dass sich daraus auch neue Lebensvorstellungen entwickeln können. Doch für die allermeisten Menschen unserer Gesellschaft ist es bloße Theorie, sie kommen niemals dazu, über den Tellerrand des eigenen Lebens zu schauen und sich an ihre eigenen Träume und Wünsche zu erinnern oder gar diese wahr zu machen. Und so kommen sie dann zu einem Leben, das niemals so richtig ihr eigenes Leben wird. Genau das macht aber eben nicht glücklich.

Mein Leben war eine Katastrophe

Natürlich gibt es das dann noch in viel extremerer Ausprägung, und das ist es, was ich in meinem Leben erlebt habe. Ich stellte eben irgendwann mit Anfang 30 fest, dass mein Leben überhaupt nicht meinen Vorstellungen entsprach. Ich war zu jener Zeit extrem übergewichtig, meine Beziehung war eine absolute Katastrophe, meine Frau und ich haben uns nur gestritten, wenn wir miteinander in einem Raum waren. Wir hatten vollkommen unterschiedliche Lebensvorstellungen und wir hatten erhebliche

Schulden bei der Bank und bei anderen Menschen, die zumindest mich ziemlich unter Druck gesetzt haben.

Ich verdiente einfach zu wenig, um sowohl meinen Kindern eine wunderschöne Kindheit zu ermöglichen, die Miete für das Haus zu bezahlen, zwei große Autos zu finanzieren und dann noch all den anderen Verpflichtungen nachzukommen, die zu solch einem Leben gehören. Gleichzeitig musste ich mich sehr viel um meine Kinder kümmern, da meine Frau nur sehr wenig Lust dazu hatte. Ich fühlte mich vom Leben vollkommen überfordert, ich hatte unzählig viele Ängste, die mich nachts wach liegen ließen, und ich hatte mehr das Gefühl zu überleben, als ein Gestalter meines Lebens zu sein.

Es tat wirklich weh

Natürlich hilft es mir heute bei meiner Arbeit sehr, dass ich damals unter so extremen Umständen gelebt habe und mich dann entschieden habe, meine Probleme in den Griff zu bekommen, mein Verhalten zu ändern und Lösungen zu finden, die wirklich funktionieren. Denn damit kann ich heute mitreden, wenn Menschen mir von ihren Scheidungen erzählen oder davon, dass sie in ihrem Alltag einfach nur noch überleben und funktionieren und weit davon entfernt sind, ihr Leben angenehm und schön zu gestalten. Ich kann das absolut nachvollziehen, denn mir ging es damals selbst so. Und deshalb weiß ich auch so sicher, dass es doch einen Ausweg aus einer solchen Situation gibt.

Große Träume können wir über viele Jahre festhalten, denn die Vorstellung, dass sie eines Tages wahr werden würden, die ist bei großen Träumen eben auch unglaublich schön. In unserer Gesellschaft scheitern die allermeisten Menschen daran, dass sie vollkommen verlernt haben zu träumen.

Doch wenn man nicht mehr träumen kann, was soll einen dann motivieren, sich in Bewegung zu setzen? Wenn die Schmerzen groß genug sind, dann kann es für den einen oder anderen von uns auch eine ausreichend große Motivation sein, nur eben eine negative und keine positive. In meiner Welt ist es aber viel besser, wenn uns große Visionen und Ideen, eben unsere Träume, antreiben.

Keine Frage, das dürfen wir erst wieder lernen, denn wir leben in einer weitgehend visionsfreien Gesellschaft, die sich immer mehr darum kümmert, Probleme zu lösen, als dass es an der Spitze der Gesellschaft mal jemanden geben würde, der ein großes Ziel formuliert, wie Deutschland oder Europa in 20 oder 30 Jahren aussehen soll. Das gilt leider auch für Familien, denn Eltern bemühen sich meist darum, Probleme zu lösen und dadurch Sicherheit zu finden, kaum jemand zeigt den jungen Menschen, wie man sich ein schönes, angenehmes Leben erschafft, seine Berufung findet und damit einen Traum wahr macht. Das sind jedoch die Fähigkeiten, die wir dringend benötigen.

4. Glaubenssätze sind der Schlüssel

Wenn es etwas gibt, das unser Leben als Mensch auf diesem Planeten maximal stark und wirklich an jedem Tag – ja ich möchte so weit gehen, dass ich sogar sage in jedem Augenblick des Lebens – massiv beeinflusst, dann sind das Glaubenssätze. Letzten Endes sind Glaubenssätze nur Gedanken, die wir häufiger gedacht haben, sagt Esther Hicks, und sie hat wohl recht damit. Meist geht es dabei um Zusammenhänge, die wir im Leben erkennen. Doch dieses Erkennen muss gar nicht bewusst erfolgen, viele Glaubenssätze sind einfach nur unterbewusst vorhanden, das heißt wir wissen gar nicht, dass es das ist, was wir über die Welt glauben.

Wenn man dieses Thema in seiner Bedeutung wirklich erfassen möchte, dann muss man sich klarmachen, dass es streng genommen keine Realität gibt. Das hört sich jetzt eventuell verwirrend an für jemanden, der sich noch nie mit diesem Thema beschäftigt hat. Schließlich haben wir das Gefühl, dass wir einen Körper haben, wir können ihn sehen, fühlen und manchmal eben auch hören, riechen oder schmecken. Oder nehmen wir die Sonne als Beispiel: Zumindest tagsüber können wir die Sonne ganz oft sehen, wir können ihre Wärme auf der Haut fühlen und es gibt zudem einen kollektiven Konsens darüber, dass die Sonne an dem steht, was wir „Himmel" nennen.

An diesen beiden Beispielen kann man schon sehr schön erkennen, dass unsere Glaubenssätze absolut abhängig sind von der Sinneswahrnehmung, also ganz konkret von dem, was wir sehen, hören, fühlen, riechen und schmecken können. Nach dem Stand der Forschung sind das die fünf Sinne, über die wir Menschen verfügen. Es gibt dann noch den sogenannten sechsten Sinn, der etwas mit der eigenen Intuition zu tun hat, aber der ist in diesem Sinne wissenschaftlich nicht anerkannt. Ich persönlich plädiere dafür, dass wir beim Fühlen unterscheiden zwischen dem haptischen Fühlen, also wenn mich jemand berührt oder ich etwas anfasse, und dem sozusagen „Innen drin"-Fühlen, also dem, was wir landläufig Gefühle oder auch Emotionen nennen. Aber natürlich kann man das auch so sehen, dass die Gefühle, die wir innen drinnen empfinden, auch etwas damit zu tun haben, dass wir sie quasi haptisch wahrnehmen, nur eben nicht außen auf der Haut, sondern innen drin.

Der Himmel ist nicht wirklich blau

Ein halber Schritt zurück: Entscheidend ist also, dass sich durch das, was wir mit diesen Sinnen wahrnehmen, unsere Welt zusammensetzt inklusive all der Dinge, die wir über diese Welt glauben. Vor diesem Hintergrund sprechen wir im Modell des NLP davon, dass jeder Mensch nur in einem Modell der Welt lebt, in einem Abbild, das eben von seinen Sinnen geschaffen wurde.

Ich möchte hierzu ein alltägliches Beispiel bringen, das mich persönlich schon an den Rand meiner Möglichkeiten bringt, um ehrlich zu sein. Es geht um unseren Himmel. Wenn nicht gerade Wolken an diesem Himmel stehen, würden doch die meisten von uns sagen, dass er blau ist. Das müsste also Konsens sein, eine Mehrheitsentscheidung sollten wir dazu herleiten können. Schließlich können wir das ja alles sehen, wenn wir nach oben gucken. Jetzt besagt allerdings Wissenschaft, dass das Licht der Sonne, das unseren wunderschönen blauen Planeten bescheint, alle Farben des Spektrums enthält. Doch dieses Licht wird dann so gefiltert in den oberen Luftschichten der Atmosphäre, dass das Blau herausgefiltert wird. Das Blau ist also im Fall des Himmels genau die Farbe, die verschluckt wird, und das übersetzt unser Gehirn dann angeblich damit, dass wir den Himmel als blau wahrnehmen.

Mit derselben Begründung sagen Wissenschaftler, dass wir zum Beispiel die blaue Tinte oder einen blauen Farbklecks auf dem Papier nur deshalb als blau erkennen, weil diese blaue Farbe – beziehungsweise das, was wir dafür halten – eben genau das Blau aus dem Lichtspektrum herausfiltert, es nicht reflektiert und dadurch, dass das Blau nicht in unserem Auge ankommt, teilt uns unser Gehirn mit, dass es sich um eine blauen Farbklecks oder blaue Tinte handelt. Ich hatte ja schon gewarnt, dass mich das Thema etwas irritiert.

Ich kann auch nicht beweisen, ob die Wissenschaftler an dieser Stelle recht haben, also muss ich ihnen im Moment mal recht geben und nehme es einfach mal als Basis dessen an, was ich für wahr halte. Und natürlich stimmt es, dass das im Alltag nicht so eine große Rolle spielt, ob der Himmel jetzt blau ist oder eben genau nicht blau erstrahlt, weil es ja „nur" um eine farbliche Wahrnehmung geht. Ich möchte allerdings darauf hinweisen, dass wir uns selbst bei solch alltäglichen Dingen nicht so richtig auf unser Gehirn verlassen können.

Wir leben in einem Modell

Wir leben also in einem Modell der Welt, das durch unsere Sinne geschaffen wurde. Schon an dieser Stelle ist es also nicht übertrieben zu sagen, dass es gar keine Realität gibt und dass wir selbst dann sehr vorsichtig sein müssen, wenn wir Gegenstände sehen, Geräusche hören oder andere Dinge fühlen können beziehungsweise riechen oder schmecken. Aufgrund dessen, was wir mit unseren Sinnen wahrnehmen, bilden sich dann die Glaubenssätze, die letztlich Regelsysteme sind, mit denen wir die Welt beurteilen. Im Wesentlichen gibt es drei Arten von Glaubenssätzen, und ich bin der Meinung, dass die Grenzen zwischen diesen verwischen. Jedenfalls werden drei Arten von Glaubenssätzen unterschieden, nämlich Glaubenssätze, bei denen es um eine Bedeutung geht, dann solche, die von Ursachen handeln beziehungsweise von Zusammenhängen, und dann noch Glaubenssätze über die eigene Identität.

Verallgemeinerte Informationen

Also ganz konkret würden die meisten Glaubenssätze vermutlich mit einer Bedeutung zusammenhängen, die ich einer Person oder Situation zuordne. Ganz allgemein entstehen dann Sätze wie „Frauen sind …", „Männer sind …", „Wer Auto fährt, muss oder sollte …" oder „Der Sinn des Lebens ist …" Wir geben Bedeutung durch das, was wir über die Realität und all das, was wir mit unseren Sinnen wahrnehmen können, glauben.

Ursache und Wirkung sind dann schon komplexer als Systeme, weil sie Abhängigkeiten definieren. Im Modell des NLP gehen wir zum Beispiel davon aus, dass ganz viele Probleme daher rühren, dass wir ungeeignete Verknüpfungen zwischen zwei Situationen bilden, die unseren positiven Gefühlen und einem schönen Leben im Weg sind. „Er bringt nie Blumen mit, also liebt er mich nicht" oder: „Er hat kein Studium, er kann diese Aufgabe nicht übernehmen." Das sind natürlich nur Beispiele, die eben auch zeigen, dass diese Verknüpfungen nicht in der üblichen Ursache-Wirkungs-Formulierung daherkommen müssen, die mit dem Wort „weil" verbunden sind.

Limitierende Glaubenssätze über die eigenen Identität sind dann typischerweise alle Sätze, die mit „ich bin" anfangen. Hinzu kommt oft auch das, was wir über unsere Eltern denken, denn von den stammen wir ja ab, oder eben über unsere Familie. Kollektive Glaubenssätze handeln dann etwa von der ganzen Gesellschaft. Deshalb sind wir Deutschen ja immer „gründlich" und „sauber" und „spaßbefreit" und so weiter. Glaubenssätze über die eigene Identität sind der eigenen Entfaltung sehr im Weg, während meiner Meinung nach vor allem die Glaubenssätze über Ursache und Wirkung das Zusammenleben mit anderen Menschen betreffen.

Von der frühen Kindheit an

Wir bilden uns diese Glaubenssätze schon als kleine Kinder aus Sicht der Wissenschaft deshalb, weil wir damit Ordnung in unser Leben bringen und in die Welt, so wie wir sie wahrnehmen. Diese Ordnung scheint wichtig zu sein, weil uns das Stabilität in unserer Erfahrung gibt, und ich glaube daran, dass wir gar nicht leben könnten ohne solche Regelsysteme und Bedeutungen, die wir den Dingen geben.

Ich erkläre das im Seminar immer ganz gerne anhand eines meiner Meinung nach lustigen Beispiels vom Raumschiff Enterprise: Wir haben ja als kleine Kinder erleben dürfen, dass diese mutigen Männer sich auf wildfremde Planeten beamen ließen, ohne auch nur ein bisschen Angst davor zu haben. Warum sollten sie Angst haben? Ich sehe da vor allen Dingen einen Grund: Die meisten von uns haben auf diesem Planeten den Glaubenssatz, dass die Erde uns schon trägt. Wenn wir in der Nähe eines Moores leben würden, dann wäre vermutlich dieser Glaubenssatz nicht ganz so stark und wir würden uns im Alltag etwas vorsichtiger bewegen.

Aber für den Rest von uns gilt einfach, dass wir mal ebenso davon ausgehen, dass der Boden stabil genug ist, um uns sicher zu tragen, sicheren Halt zu geben, sodass wir einfach darüber laufen können. Die Besatzung des Raumschiffs Enterprise – und das ist das, was ich mutig finde – hat diesen Glaubenssatz auf fremde Planeten mitgenommen. Soweit ich mich erinnern kann, sind sie nach der Ankunft auch nie im Erdboden verschwunden, und daher haben sie offensichtlich Glück gehabt und unser Glaubenssatz von der Erde scheint auch in anderen Galaxien bestand zu haben.

Verallgemeinerungen machen das Leben leicht

Zurück zum Ernst der Sache: Das bedeutet im Alltag ganz konkret, dass wir die Information „Boden trägt mich sicher" verallgemeinern, damit Ordnung in die Welt bringen und damit unser Leben deutlich vereinfachen. Wenn wir bei jedem Schritt wieder Angst haben müssten, dass wir im Boden versinken, weil wir die Information „Boden trägt mich sicher" nicht verallgemeinern könnten, wären wir in arger Bedrängnis. Jetzt stellt sich also die Frage, wie oft unser Gehirn eine solche Information überprüft, um den Glaubenssatz zu bilden, ob und wenn ja, wie es ihn überprüft und was passieren müsste, damit diese Informationen nicht mehr generalisiert wird. Natürlich interessiere ich mich an dieser Stelle und in diesem Buch sehr wenig dafür, wie wir den Glaubenssatz „Boden trägt mich sicher" auflösen können, denn das würde die meisten von uns im Alltag sicherlich nicht voranbringen.

Die dahinterliegenden Ziele

Aus diesem Beispiel lässt sich schon sehr gut ableiten, wie die Glaubenssätze dazu beitragen, dass wir in unserer Welt überhaupt agieren können. Wir fühlen uns sicher, wenn wir glauben, etwas über unsere Welt gelernt zu haben und die ganz normale Funktion des Gehirns, einen solchen Glaubenssatz nach einer bestimmten Anzahl von Wiederholungen zu verallgemeinern, zu generalisieren, die gibt eben genau die Sicherheit, die wir für Leben benötigen.

Sehr allgemeine Glaubenssätze wie „der Boden trägt mich", „es gibt immer genug Luft zum Atmen" oder „auf einem Bürgersteig kann ich mich in Sicherheit fühlen, auch wenn Autos mit 50, 70 oder sogar 100 km/h an mir vorbeirasen" fügen sich zu Glaubenssystemen zusammen. Letztlich ist es das, was ich oben als „Modell der Welt" bezeichnet habe. Diese Modelle der Welt sind letztlich Glaubenssysteme und diese Glaubenssysteme setzen sich eben aus vielen einzelnen Glaubenssätzen zusammen. Neben den beiden Zielen, dass wir uns in unserer Welt sicher fühlen wollen und dass wir in dieser Welt agieren können, gibt es in meinem Modell von Welt noch ein drittes Ziel: Der eine oder andere von uns möchte die Welt einfach verstehen.

Informationen geben keine Sicherheit

Jetzt ließe sich argumentieren, dass dieses „verstehen" auch wieder nur damit zu tun hat, dass es Sicherheit gibt, und ich kann und möchte dem nicht widersprechen. Trotzdem würde ich es hier gerne als Erkenntnisinteresse stehen lassen, weil es das Verhalten des einen oder anderen Menschen ganz gut erklärt, der immer mehr Informationen über die Welt sammelt, selbst wenn diese neue Information sein persönliches Leben nicht sicherer macht.

Selbstverständlich geht es in unserem Alltag und insbesondere bei meiner Arbeit als Trainer in aller Regel nicht um grundsätzliche Glaubenssätze über das Funktionieren der Welt, die physikalischen Gesetze und andere Glaubenssysteme. Ich konzentriere mich vor allen Dingen auf die Glaubenssätze, die unsere Persönlichkeit betreffen und den Umgang mit anderen Menschen. Denn das, was wir in der Welt beobachten, wie etwa dass der Boden uns trägt, das machen wir auch im Umgang mit anderen Menschen. Auch an dieser Stelle sind Glaubenssätze und Glaubenssysteme sehr gut in der Lage, unsere Interaktion mit anderen Menschen positiv zu steuern und uns im Alltag die Möglichkeit zu geben, auf leichte und einfache Weise als Mensch in der Gemeinschaft zu funktionieren.

Leider auch hier erst der Fokus auf das Negative

Ich muss es leider gestehen: Bei meiner Arbeit fokussierte ich mich vor allen Dingen auf die negativen Glaubenssätze, die Glaubenssätze, die einen Menschen daran hindern, das Leben seiner Träume zu leben und sich wirklich positiv zu entfalten, fröhlich zu werden und all die positiven Dinge im Leben zu erfahren, die ein Mensch erfahren kann. Natürlich bleibe ich nicht bei den negativen Glaubenssätzen hängen, denn meine Arbeit – mit all ihren wundervollen Methoden aus dem Modell des NLP und auch aus anderen Modellen – handelt vor allen Dingen davon, wie ich Menschen dabei unterstützen kann, die negativen, einschränkenden und limitierenden Glaubenssätze in möglichst kurzer Zeit aufzulösen. Das ist eines der größten Wunder in meinen Seminaren.

Wir kennen unsere Glaubenssätze nicht

Dazu darf man sich bewusst machen, dass die allermeisten Glaubenssätze unterbewusst sind. Es ist nicht etwa so, dass wir Menschen eine bestimmte Situation bewusst mehrfach erleben, dann darüber nachdenken, welchen

Glaubenssatz wir aus diesen erlebten Situationen ableiten können, dann bewusst zu dem Schluss kommen, wie dieser Glaubenssatz heißen könnte, um ihn dann sozusagen in unserem Unterbewusstsein abzuspeichern. Nein, die allermeisten Glaubenssätze sind uns nicht bewusst.

Ich erinnere mich an eine Teilnehmerin, die vor einigen Jahren an meinem Anfängerseminar teilgenommen hat und die abends im Hotelzimmer die Möglichkeit nutzte, sich – sie war zu diesem Zeitpunkt Single – einfach mal alle Glaubenssätze aufzuschreiben, die sie über Männer hatte. Sie berichtete am nächsten Tag, dass sie über drei Seiten geschrieben hatte und sie kommentierte ihre Arbeit mit einem Satz, der mir für immer im Gedächtnis bleiben wird: „Ich kann nicht glauben, dass ich das über Männer glaube." Da sie allerdings allein in ihrem Hotelzimmer gesessen hatte, mussten ja die Glaubenssätze, die sie aufgeschrieben hatte, in ihrem Kopf sein, wer hätte sie sonst beisteuern können.

Das war also eine wunderschöne Methode, sich mal bewusst zu machen, was man über solche Dinge und Lebensumstände beziehungsweise über das andere Geschlecht wirklich denkt. Und das ist ein schönes Beispiel dafür, wie negative Glaubenssätze nicht nur unser komplettes eigenes Verhalten steuern, sondern eben auch unsere komplette Lebenserfahrung beeinflussen. Um das noch einmal ganz deutlich zu sagen: Wir haben unterbewusste Glaubenssätze, die massiven Einfluss auf unser Leben haben, und diese Glaubenssätze sind uns nicht bewusst. Sie steuern trotzdem jeden einzelnen Moment unseres Lebens.

Leben auf Autopilot

Das ist es, was ich ein „Leben auf Autopilot" nenne, denn die meisten Menschen sind sich ihres eigenen Lebens und vor allen Dingen auch der

eigenen Glaubenssätze und der daraus gebildeten Glaubenssysteme überhaupt nicht bewusst, obwohl sie in so vielen alltäglichen Situationen aufgrund dieser Glaubenssätze agieren und auch reagieren. Wer Männer für
bösartige Wesen hält, der wird immer dann, wenn er auf einen Mann trifft,
seltsam reagieren, um es einmal vorsichtig zu sagen. Dieser Mensch sieht
die Welt durch die Brille „Männer sind bösartig", und es ist eine ganz
wichtige Funktion des Gehirns, also genauer gesagt des menschlichen
Unterbewusstseins, dass alle anderen Informationen sogar getilgt würden.
Einen freundlichen Mann könnte ein Mensch mit diesem Glaubenssatz
nicht wahrnehmen, es gibt wissenschaftliche Beweise dafür, dass wir solche, unserem Glaubenssystem widersprechenden Informationen herausfiltern, sodass sie nicht zum bewussten Verstand vordringen können.

Wir erleben nur das, was wir für möglich halten

Doch zurück zum Leben auf Autopilot: Wenn wir uns also mit unseren
unterbewussten Programmierungen zum Beispiel durch ein geeignetes
Seminar nicht auseinandersetzen, dann werden wir für den Rest des Lebens in den entsprechenden Situationen immer dasselbe Verhalten zeigen.
Das liegt nicht etwa an mangelnder Intelligenz oder daran, dass wir nicht
flexibel genug wären. Es liegt an einer ganz normalen Funktion unseres
Gehirns, Glaubenssätze zu bilden, ein Modell der Welt zu bilden, das wir
für wahr halten und das sich eben aus unterbewussten Regelsystemen zusammensetzt. Und wir können daraufhin in der Welt mehr und mehr nur
noch das erleben, was wir für wahr und möglich halten – eine sich selbst
erfüllende Prophezeiung, die sich immer weiter verstärkt.

Damit wird die Welt des Einzelnen immer kleiner und ein anderer Effekt
ist, dass unser Verhalten vorhersagbar wird. Wenn ich einen Teilnehmer

dabei beobachte, wie er sich in der Pause mit anderen Teilnehmern verhält, dann kann ich eben vorhersagen, wie derselbe Teilnehmer sich zu Hause oder bei der Arbeit etwa im Umgang mit Kollegen oder Freunden verhalten wird. Das hängt nicht mit meiner Fähigkeit zusammen, menschliches Verhalten vorherzusagen wie ein Wahrsager, die habe ich nämlich nicht, sondern damit, dass ich das Modell des anderen Menschen verstehen kann und sich daraus ein Verhalten vorhersagen lässt. Also ist es nicht nur Gewohnheit, die uns immer dasselbe tun lässt, es sind vor allem auch einschränkende Glaubenssätze, die das bewirken.

Wir reagieren auf unser Modell der Welt?

Das bringt uns jetzt zu einer neuen Erkenntnis, die ich für unglaublich faszinierend halte und die jeden Einzelnen von uns wirklich sehr voranbringen kann: Wenn wir einmal verstanden haben, dass wir uns in einem Modell der Welt bewegen und nicht in der Realität, dann bedeutet das logischerweise auch, dass unsere Probleme mit unserem Modell der Welt zu tun haben. In dem Beispiel von oben von der jungen Frau wird das sehr schön deutlich: Wenn sie Männer für gefährlich hält, dann wird es für sie schwer werden, einen Mann zu finden, mit dem sie eine Beziehung eingehen möchte. Das liegt aber eben nicht an der Realität, sondern an dem, was sie über die Realität glaubt. Der Haken an der Sache ist jetzt folgender: Obwohl also unsere Probleme, unsere Ängste und Sorgen, unsere Herausforderungen immer nur in unserem (!) Modell der Welt existieren, das wir mehr oder weniger zufällig geschaffen haben, versuchen wir anschließend die Realität so zu verändern, damit wir in unserem Modell kein Problem mehr haben.

Wenn also zum Beispiel jemand in einer Beziehung von der Partnerin oder dem Partner betrogen worden ist, dann kann es durchaus sein, dass dieser

Mensch limitierende Glaubenssätze in Bezug auf die Treue eines anderen Menschen hat. Das könnte ja zum Beispiel dazu führen, dass dieser Mensch in einer neuen Beziehung beginnt, den neuen Partner engmaschig zu kontrollieren. Das führt bei einigen Menschen dazu, dass sie sogar das Handy des anderen regelmäßig überprüfen, E-Mails kontrollieren oder sich in sonst irgendeiner Weise seltsam verhalten. Das ist nun vollkommen verständlich, denn sie sind ja in einer früheren Beziehung hereingelegt worden.

Jetzt bemühen sie sich damit allerdings darum, die Realität zu verändern, indem zum Beispiel der neue Partner sich regelmäßig melden muss oder sagen muss, mit wem er unterwegs ist, weil es in ihrem Modell der Welt ein Problem gibt. Zu diesem Thema ließen sich noch unzählige Beispiele finden, dafür reicht der Platz hier einfach nicht. Ich hoffe allerdings, dass klar geworden ist, wie weitreichend dieses Thema ist.

Vertrauen wird verschenkt

Und grundsätzlich bemühen wir uns eben immer, solange wir nicht entsprechende Seminare besucht und Erkenntnisse gewonnen haben, erst die Realität zu verändern, was *per definitionem* überhaupt nicht möglich ist. Natürlich könnte jemand einen anderen Menschen so lange kontrollieren, dass er dann irgendwann sicher ist, sich auf diesen Menschen verlassen zu können. Doch das ist nicht die Realität, die ich beobachte. Menschen, die entschieden haben, einer Partnerin oder einem Partner nicht mehr zu vertrauen oder eben nicht zu vertrauen, weil sie mit einem anderen Menschen schlechte Erfahrung gesammelt haben, die dürfen eine Entscheidung treffen, ob sie wieder vertrauen wollen oder nicht. Es wird niemals um die Frage gehen, ob sie einem anderen Menschen vertrauen können, sondern nur um die Frage, ob sie einem anderen vertrauen wollen. Schließlich ist

Vertrauen nichts, was man unter Beweis stellen kann, Vertrauen ist etwas, das man verschenken kann, oder eben nicht.

Wie Glaubenssätze entstehen

Es dürfte an dieser Stelle schon vollkommen klar sein, dass wir die allermeisten Glaubenssätze aus unserer Kindheit und Jugendzeit mitbringen, denn das ist natürlich genau die Zeit, in der wir die Welt kennenlernen und in der es für uns wichtig ist, dass wir ein Modell von dieser Welt entwickeln, ein dahinterliegendes Regelsystem mit all dem, was wir dann für wahr halten. Eltern darf also an dieser Stelle sehr bewusst sein, was für einen einschneidenden Einfluss sie darauf haben, was ihr Kind später über das Leben und die Welt an sich glauben wird. Die wichtigste Art und Weise, wie Kinder Glaubenssätze und Glaubenssysteme bilden, ist das, was die Eltern ihnen vorleben. In der Fachsprache heißt das „Lernen am Modell", das heißt, wir beobachten einen anderen Menschen dabei, wie er sich in der Realität bewegt, wie er sich verhält, und wir leiten daraus die entscheidenden Regelsysteme ab. Aus diesem Grund ist es nicht so wichtig, was die Eltern sagen, entscheidend ist vielmehr, wie sie sich wirklich im Alltag verhalten.

Ich erinnere mich zum Beispiel daran, dass mein Vater immer ein sehr unaufgeräumtes Arbeitszimmer hatte, dort lagen Stapel von Papier herum und viele Bücher, die er nicht gelesen hat. Alles lag herum, weil es ihm einfach schwerfiel, Ordnung zu halten. In meinem Modell von Welt war es einfach ein wildes Chaos. Vor diesem Hintergrund war es auch irgendwie unlogisch, wenn er mich aufforderte, mein Zimmer aufzuräumen, denn das war nicht das, was er vorgelebt hat. Grundsätzlich würde ich sagen, dass meine Ursprungsfamilie es mit der Ordnung nicht so genau genommen hat. Es wurde zwar äußerlich der Schein gewahrt, das heißt, es war nicht zu sehen für jemanden, der zum Beispiel zu uns zu Besuch gekommen ist. Doch sobald man ein bisschen genauer hingeschaut hat, dann wurde schon klar, dass das alles nicht ganz so ordentlich war. Ich persönlich finde das gar nicht schlimm, ich habe nur eine gewisse Aversion gegen völliges Chaos entwickelt.

Vorleben genügt für die Erziehung

Wenn wir uns also als Eltern als Modell zur Verfügung stellen und dies unseren Kindern aktiv vorleben, dann können wir uns letztlich alle weiteren Erklärungen darüber, was wir für wahr halten, für erstrebenswert und für richtig, sparen. Das hängt damit zusammen, dass unser Gehirn in meinem Modell von Welt ein „automatischer Regelbilder" ist, es beobachtet unterbewusst die ganze Zeit die Realität und bemüht sich, dieser Realität entweder eine Bedeutung zu geben, Ursachen und Zusammenhänge zu erkennen oder eben die eigene Identität einzuordnen und Glaubenssätze über das Individuum zu bilden. Dazu ist keinerlei Aktivität des bewussten Verstandes nötig, es geschieht ganz automatisch.

Computer bilden komplexe Regelsysteme

Was meine ich nun genau mit dieser automatischen Regelbildung? Für mich lässt sich das am leichtesten erklären mit der künstlichen Intelligenz, die ja gerade in unserer Welt so sehr auf dem Vormarsch ist. Was diese Systeme vermögen, ist es, große Datenbestände zu analysieren und daraus relativ willkürlich Regeln zu bilden, womit sie zumindest in einem kleinen Bereich der Funktionalität unseres menschlichen Gehirns sehr nahekommen. Der Vorteil der Computersysteme ist, dass sie diese großen Datenmengen in ausgesprochen kurzer Zeit verarbeiten können, sodass sie uns logischerweise sehr schnell überlegen sein können.

Wenn also die entsprechende Rechenkapazität vorhanden ist, dann könnte vermutlich ein moderner Computer, der mit entsprechenden Serversystemen verbunden ist, in Sekundenschnelle das gesamte Werk aller großen deutschen Schriftsteller lesen, was immer dann dieses Lesen bedeutet. Natürlich müsste der entsprechende Computer vorher Sprache verstanden haben, aber auch das ist logischerweise etwas, das vor allen Dingen mit Verknüpfungen zu tun hat. Wir haben heute die ersten Computersysteme, die auf künstlicher Intelligenz basieren, die so etwas wie Verständnis für die Information zeigen.

Das bedeutet einfach nur, dass diese Computersysteme in der Lage sind, Regelsysteme zu entwickeln und abzuleiten. Manchmal sind diese Regelsysteme schwachsinnig, das ist dann die Stelle, wo ein Tesla mit 100 km/h in die Leitplanke fährt, weil die künstliche Intelligenz eine seltsame Verknüpfung gebildet hat. Das Problem scheint aktuell zu sein, dass wir die Systeme der künstlichen Intelligenz nicht befragen können, welche Regeln sie gebildet haben.

Wir kennen die Regeln nicht

Der aufmerksame Beobachter wird hier sofort die Parallele zu einem „normalen" menschlichen Wesen sehen können: So wie wir ununterbrochen unterbewusst Glaubenssätze und Glaubenssysteme als Regelstrukturen darüber entwickeln, wie angeblich unsere Welt funktioniert, entwickelt der Computer, der auf künstlicher Intelligenz basiert, ähnliche Regelsysteme, die auch nichts mit der Realität zu tun haben müssen. Je nachdem mit welchen Informationen ich das System füttere, wird das System entsprechend die „Realität" – was immer das dann für einen Computer bedeutet – interpretieren. Die Beschäftigung mit der künstlichen Intelligenz in den entsprechenden Systemen wie ChatGPT ist vor diesem Hintergrund natürlich ganz spannend für uns Menschen, und ich bin fasziniert zu erleben, wie diese Systeme in den kommenden Jahren unser aller Leben von Grund auf verändern werden.

Eines ließe sich aus diesem Vergleich jetzt schon ableiten: Es scheint auch für uns Menschen sehr wichtig zu sein, dass wir unser Unterbewusstsein mit möglichst vielen verschiedenen Informationen füttern, am besten schon gleich in der Kindheit. Dann würde also – um in diesem Beispiel zu bleiben – ein heranwachsendes Mädchen lernen, dass es seltsame Männer gibt, dass es Männer gibt, die sehr nett sind, und dass es Männer gibt, die ganz normal sind, und all das würde zu ihrem Modell der Welt gehören.

Je mehr Informationen vorliegen, desto realistischer wird das Modell

Das ist jetzt vielleicht ein ungünstig gewähltes Beispiel, aber fest steht, dass wir uns bemühen sollten, natürlich auch als erwachsene Menschen und natürlich auch im fortgeschrittenen Alter, die Datenbank möglichst unvoreingenommen mit weiteren Informationen zu füttern. Je mehr verschiedene Informationen wir in unser Unterbewusstsein einspeisen, das wir mit einer Computerdatenbank vergleichen können, umso näher wird unser Modell der Welt an dem sein, was wir als Realität annehmen können. Wer zudem immer neue Modelle kennenlernt, sich also mit vollkommen anderen Glaubenssystemen beschäftigt, der wird auch auf einer übergeordneten Ebene flexibler werden und so auch komplexere Glaubenssysteme hinterfragen und austauschen können.

Mit Datenbank meine ich an dieser Stelle unser Unterbewusstsein, unser Gehirn, eben das System, das in uns die Regeln bildet, nach denen angeblich unser Modell der Welt funktioniert. Und um es noch einmal deutlich zu sagen: Unser inneres, künstlich gebildetes Modell der Welt kann niemals mit der Realität übereinstimmen. Wir werden für den Rest unseres Lebens in einem Modell leben und der Hintergrund meiner Seminare und all der Dinge, die ich den Menschen beibringe, ist, sie in Bezug auf ihr eigenes Modell der Welt flexibler zu machen, ihnen neue Möglichkeiten anzubieten und gleichzeitig Methoden, mit denen sie limitierende Glaubenssätze, überkommene Überzeugungen und den schlichten Unsinn, der durch ihre Kindheit im Gehirn gespeichert wurde, aufzulösen.

Viele Menschen sind starr

Wenn wir uns im Alltag darüber wundern, dass andere Menschen sehr starre Glaubenssysteme haben, die keinerlei neue Meinung zulassen, dann ist das eine logische Konsequenz daraus, dass wir entweder selbst ein starres, anderes Modell vertreten oder die Idee der Glaubenssysteme noch nicht wirklich verstanden haben. Keine Frage, für Glaubenssysteme wie sie etwa die Religion aufgestellt hat, werden Kriege geführt – auch heute noch. Politische Systeme sind am Ende auch nur Glaubenssysteme, die ähnlich starr verfolgt werden.

Das Ziel muss in meiner Welt sein, dass wir flexibler im Umgang mit solchen Systemen werden, und zwar zuerst als Individuen. Dann können wir andere Modelle locker annehmen, müssen unseres nicht verteidigen und können, wenn es ein besseres Glaubenssystem gibt, das eigene auch anpassen. Da wäre jetzt, wenn wir tiefer eintauchen wollten, die Frage, was die Kriterien für ein gutes Glaubenssystem sind? Ich denke, dass es mir persönlich wichtig ist, dass mich mein Glaubenssystem frei und glücklich sein lässt, dass ich machen kann, was ich möchte, solange es keinen anderen Menschen negativ beeinflusst. Und das ist nur eine erste Idee zu diesem Thema.

Spannend ist das alles auch noch mal in Bezug auf viele Sachbücher, die davon handeln, dass eine bestimmte Art zu leben, sich zu ernähren, Sport zu machen und so weiter, erfolgreich sein soll. Das ist natürlich Unsinn, denn wir bräuchten dasselbe Glaubenssystem des Autors oder des Trainers, damit das funktionieren kann. Mir ist es also sehr recht, dass das Modell des NLP eine Metatechnik ist, die auf Strukturebene arbeitet und nicht auf der Ebene der Inhalte. Inhalte sind – ganz allgemein gesprochen – gut dafür, Glaubenssätze zu bilden oder infrage zu stellen und zu ändern. Um ein Problem zu lösen, ist es stattdessen oft viel besser, wenn ich zum Beispiel das Modell verstehe, das hinter dem Problem liegt und das ja erst das Problem verursacht. Wenn ich nämlich dieses Glaubenssystem kenne oder es ergründe durch geeignete Fragen, dann wird mir die Veränderung des problematischen Verhaltens viel leichter fallen.

Die Wiederholung ist wichtig

Der einfachste Weg, wie sich Glaubenssätze und Glaubenssysteme bilden, ist die Wiederholung. Meiner Meinung nach ist das auch der Weg, der für unser Modell der Welt der bestimmende ist. Das bedeutet konkret, dass alles, was wir regelmäßig, vielleicht sogar täglich beobachten, dazu führt, dass sich der entsprechende Glaubenssatz in uns verfestigt. Jede einzelne Wiederholung wird in unserem Gehirn, das sich im Wesentlichen aus neuronalen Verknüpfungen zusammensetzt, mehr und mehr eine Datenautobahn bilden. Je häufiger zwei Nerven zusammen feuern – natürlich sind das bei einem Glaubenssatz nicht nur zwei Nerven, sondern Hunderte oder Tausende, die gleichzeitig aktiv sind –, desto fester wird die Verbindung zwischen ihnen. Das ist die Art und Weise, zumindest nach dem aktuellen Stand der Forschung, wie unser Gehirn funktioniert. Es basiert auf diesen Verknüpfungen von Nervenzellen und es handelt davon, wie oft diese Nervenzellen miteinander aktiv sind.

Das erklärt auch, warum in den herkömmlichen Modellen des Trainings und Coachings für die Auflösung von Glaubenssätzen viele Wiederholungen notwendig sind. Viele meiner Leser werden vermutlich schon mal mitbekommen haben, dass man angeblich mit positiven Affirmationen negative Glaubenssätze auflösen kann. Nach dem Motto: Wenn ich mich jeden Morgen vor den Spiegel stelle und mir hundertmal ins Gesicht sage: „Ich bin schön!", dann soll das angeblich dazu führen, dass alle negativen Glaubenssätze, die ich über mich selbst habe, im Lauf der Zeit durch den neuen Glaubenssatz ersetzt werden. Ich glaube das nicht, denn es hängt im Wesentlichen damit zusammen, was ein Mensch fühlt, während er den positiven Glaubenssatz ausspricht. Wenn ich also während der Affirmation das Gefühl habe, ein Lügner zu sein und nicht die Wahrheit zu sagen, dann werden mir auch 100.000 Wiederholungen nicht helfen. Außerdem gibt es heute viel elegantere Methoden, um die limitierenden und negativen Glaubenssätze innerhalb weniger Minuten nachhaltig aufzulösen. Für mich ist das eines der Highlights bei der Arbeit mit dem Modell des NLP.

Starke Emotionen sind die Alternative

Die zweite Art und Weise, wie sich Glaubenssätze bilden können, sind emotional herausragende Situationen, wobei es keine Rolle spielt, ob diese positiv oder negativ sind. Das Gehirn scheint einfach sehr stark darauf zu reagieren, wenn viele intensive Gefühle vorhanden sind. Das klassische Beispiel an dieser Stelle wäre die Situation, wo das kleine Kind von einem Hund gebissen wird. Dieses Kind wird also dem Hund die Bedeutung von

„gefährlich" geben und es kann sein, dass eine einzige Situation im Leben ausreicht, um bei einem Menschen eine lebenslange Panik vor Hunden auszulösen.

Ängste machen Lebensqualität zunichte

Das ist sozusagen ein bisschen blöd, weil wir damit als Menschen sehr leicht geprägt werden können, und es würde natürlich in einem solchen Fall eine Angst entstehen, die einen auch den Rest des Lebens massiv beeinflusst, weil dieser Mensch immer wieder gucken muss, ob irgendwo in seiner Umgebung ein Hund ist, sodass er dann zum Beispiel panisch ein Restaurant verlassen müsste oder bestimmte Menschen nicht besuchen kann, weil diese einen Hund haben. In meinen Seminaren höre ich zu solchen Ängsten wirklich haarsträubende Dinge!

Natürlich würden auch emotional wichtige positive Situationen einen Menschen ein Leben lang prägen können. Robert Anton Wilson ist zum Beispiel der Meinung, dass wir Menschen beim Sex die Variante bevorzugen, die wir bei unseren ersten Erlebnissen in diesem Bereich erfahren haben. Ich möchte das nicht weiter kommentieren, aber jeder Leser kann das ja mal für sich überprüfen.

Ein Erlebnis kann das ganze Leben verändern

Das wäre also (hoffentlich) ein Beispiel dafür, wie ein positives Ereignis oder zumindest eines, auf das wir uns im positiven Sinne gefreut haben, den Rest unseres Lebens beeinflussen kann, wenn wir keine neuen Erfahrungen sammeln. Und diese neuen Erfahrungen sammeln wir eben nur, indem wir bewusst die Entscheidung treffen, dass wir sie sammeln wollen. Auch ein schönes Beispiel dafür, wie sich neue Glaubenssätze und Glaubenssysteme finden lassen. Es geht auch hier um das neue Verhalten!

Es gibt keine automatische Kontrolle

Einer der wichtigsten Punkte, die wir verstehen dürfen, wenn wir uns mit unserem eigenen Verhalten auseinandersetzen und limitierende Glaubenssätze überwinden wollen, ist, dass es im Unterbewusstsein für die gebildeten Regeln, Glaubenssätze und Glaubenssysteme keine Kontrollfunktion gibt. Das ließe sich hier noch einmal ganz gut mit dem Beispiel des „Aufräumens" erklären. Nehmen wir an, ein Kind ist mit dem Satz großgeworden: „Ein Genie beherrscht das Chaos." Dieser Glaubenssatz – und ich überlasse es jetzt einfach mal jedem Einzelnen einzuschätzen, ob er positiv oder negativ ist – ist erstaunlicherweise weiter verbreitet in unserer Gesellschaft, als mir bewusst war.

Jedenfalls würde dieser Glaubenssatz dazu führen, dass ein junger Mensch zum Beispiel seinen Schreibtisch nicht mehr aufräumen würde, wenn es in seinem Modell der Welt erstrebenswert ist, ein Genie zu sein oder als ein solches angesehen zu werden. Je unordentlicher der Schreibtisch ist – so könnte dann die Regel in seinem Kopf aussehen –, umso mehr wäre damit der Beweis erbracht, dass er wirklich genial ist. Das zunehmende Chaos wäre in diesem Modell der Welt selbstverständlich nur von einem megaintelligenten Kopf unter Kontrolle zu halten und beherrschbar sein.

Derselbe Mensch würde jetzt einige Jahre später zum Beispiel im beruflichen Kontext eine Aufgabe haben, bei der es sehr wichtig wäre, dass sein Schreibtisch aufgeräumt ist. Es könnte ja zum Beispiel sein, dass er eine Anstellung gefunden hat in einem Unternehmen, wo er Publikumsverkehr hat, und da die Besucher seinen Schreibtisch sehen, würde es schon einen guten Eindruck hinterlassen, wenn dieser ordentlich wäre.

Ich kann mir sehr gut vorstellen, dass dieser Mitarbeiter ein riesengroßes Problem damit hätte, seinen Schreibtisch dauerhaft in Ordnung zu halten. Denn sein Glaubenssystem würde ihm eben sagen: Wenn wir Ordnung halten, dann ist das ein Beweis dafür, dass wir ein bisschen blöd sind. Dann nörgelt aber der Chef nicht mehr. Es ist eine unlösbare Aufgabe, solange der dahinterliegende Glaubenssatz nicht aufgelöst ist, die Wahl entweder doof und keinen Ärger mit dem Chef oder megagenial und Ärger mit dem Chef.

Der Konflikt zwischen Glaubenssätzen

Das ist ein Beispiel für einen typischen inneren Konflikt in einem Menschen, der zu seltsamen Verhaltensweisen führen würde: Zum Beispiel könnte es sein, dass dieser Mensch immer wieder seinen Arbeitsplatz wechselt. Oder er würde aufgrund des Drucks ordentlich aufräumen, doch es würden ihm dumme Fehler passieren, die er sonst nie gemacht hätte. An dem Beispiel lässt sich auch erkennen, wie viel Bewusstheit eine gute Führungskraft für solche Glaubenssätze haben müsste, um solche Mitarbeiter in geeigneter Weise zu unterstützen. Viele Menschen leiden unter Glaubenssätzen, die im Konflikt miteinander sind, und es kann sein, dass jemand zum Beispiel unter dem Druck der Glaubenssätze krank wird.

Natürlich erkennen wir, dass das vollkommener Unsinn ist, dass wir unordentlich sein müssen, wenn wir genial sind. Aber das ist eben genau das, worauf ich an dieser Stelle hinweisen möchte. Das Unterbewusstsein stellt die selbst gebildeten Regeln und Glaubenssätze niemals infrage. Ich erkläre das gerne damit, dass ich der Meinung bin, dass unser Unterbewusstsein eine Art Diener ist, der uns zur Verfügung steht. Dieser Diener hilft uns zum Beispiel bei solchen Handlungen wie dem „Zähneputzen". Wenn wir dem Unterbewusstsein durch entsprechend häufiges Vormachen gezeigt haben, was da genau zu tun ist morgens, am besten mittags auch und dann abends, wird es das relativ schnell automatisch tun.

Wie ein guter Diener

Was meine ich mit diesem „automatisch"? Ich meine damit, dass diese Handlungen dann ohne Zutun des bewussten Verstandes vom Unterbewusstsein alleine übernommen wird. Das läuft so automatisch ab, dass ich in derselben Zeit – und viele Menschen machen das – sogar über andere Dinge nachdenken kann. Ich muss sozusagen mit dem bewussten Verstand gar nicht aktiv in meinem Badezimmer stehen und mir die Zähne putzen, so fantastisch kann mein Unterbewusstsein diese Aufgabe ganz alleine erledigen.

Für diese positiven Automatisierungsfunktionen gibt es jetzt an jedem einzelnen Tag zigtausende Beispiele, wie uns unser Unterbewusstsein unterstützt. Doch da gibt es eben auch die Kehrseite der Medaille: Ein wirklich guter Diener hinterfragt nie, was die Chefin oder der Chef will und ob die Anweisung sinnvoll ist. Vielleicht ist es hier ein bisschen zu naiv ausgedrückt, aber ich finde, dass sich mit diesem Modell ganz gut erklären lässt, warum es keine Kontrollfunktion des Unterbewusstseins gibt. Es macht einfach das, was „sein Mensch" immer wieder getan hat oder eben in emotional herausfordernden, intensiven Situationen gelernt hat. Und das ist genau die Autopilotenfunktion, von der ich weiter oben schon gesprochen habe. Es gibt also sozusagen im Unterbewusstsein eine immanente Logik, die heißt: Wenn ein Mensch das doch immer wieder so macht, dann will er das auch immer so haben.

Gebetsmühlenartig wiederholt

Eine weitere Art und Weise, wie sich limitierende und gegebenenfalls natürlich auch positive Glaubenssätze bilden können, ist die stetige Wiederholung des entsprechenden Glaubenssatzes durch die Eltern oder andere Personen, die wir für wichtig halten. Manche Menschen äußern solche Glaubenssätze sogar, indem sie den Urheber der Information gleich mit angeben, nach dem Motto: „Meine Mutter hätte jetzt gesagt: …" Ich glaube – und das ist wieder nur meine kleine Welt –, dass das die schwierigste Art ist für ein Unterbewusstsein, einen Glaubenssatz zu lernen.

Meiner Meinung nach hängt das damit zusammen, dass das Reden über ein Thema für das Unterbewusstsein ausgesprochen schwierig umzusetzen ist, wenn überhaupt. Das ist auch die Herausforderung bei einem Buch wie diesem, denn wir sprechen ganz viel über Probleme und über Lösungen, zeigen aber dem Unterbewusstsein nicht, wie diese Lösungen funktionieren. Deswegen ist ein Seminar an der Stelle eine großartige Möglichkeit, weil das Unterbewusstsein dann eben ganz konkret lernen und üben kann, wie die Lösungen funktionieren.

Das lässt sich, glaube ich, auch für einen Laien ganz gut verstehen, weil das Unterbewusstsein eben die Informationen über die Sinne bekommt – und das bedeutet in meinem Modell von Welt – vor allen Dingen über den visuellen Kanal. Es ist das Verhalten, das wir bei anderen Menschen beobachten, das so prägend ist für unser Regelsystem, mit dem wir die Welt wahrnehmen. Ich erinnere hier nur noch einmal an den unaufgeräumten Schreibtisch meines Vaters: Wenn mein Unterbewusstsein beobachtet hat, dass ein Mensch, der mir logischerweise als Kind wie ein Gott vorgekommen ist, seinen Schreibtisch selbst nicht aufräumt, dann muss das ja in meinem Modell von Welt das perfekte Verhalten eines erwachsenen Mannes sein. Also werde ich spätestens als erwachsener Mensch dasselbe Verhalten zeigen, was erklärt, warum wir manche Verhaltensweisen auch erst im Erwachsenenalter zeigen, die wir als Kind von unseren Eltern in Bezug auf Dinge und Verhaltensweisen gelernt haben, für die wir allerdings als Kind noch keine Verwendung hatten.

Das Unterbewusstsein beobachtet

Um einen Glaubenssatz zu bilden, ist es für das Unterbewusstsein eben am einfachsten, diesen Glaubenssatz in Aktion zu erleben. Wenn ich also von einer Mutter großgezogen werde, die tief in ihrem Inneren (unterbewusst) Angst vor Männern hat, weil sie zum Beispiel als Kind von ihrem Vater geschlagen worden ist, dann werde ich fühlen und beobachten, also das heißt in den meisten Fällen sehen, wie sie sich im Beisein von Männern im weitesten Sinne ‚seltsam‘ verhält.

Mein Unterbewusstsein als Kind muss allerdings ein Regelsystem bilden, warum meine eigene Mutter sich so seltsam verhält in dieser Situation. Und vermutlich wird es, wenn es genügend viele Situationen zwischen seiner Mutter und solchen Männern erlebt, darauf kommen, dass es irgendetwas mit Männern zu tun hat. Das könnte dann natürlich verstärkt werden durch Sätze, Glaubenssätze, die die Mutter über Männer äußert. Insofern könnten sprachlich geäußerte Informationen zum Beispiel dafür sorgen, dass Glaubenssätze verstärkt werden.

Ich fühle, um in diesem Beispiel zu bleiben, dass die Mutter sich seltsam fühlt, wenn zum Beispiel fremde Männer im Raum sind oder den Raum betreten. Das bekommt jedes normale Kind mit. Mein Unterbewusstsein hat eine andere Aufgabe: Es muss das dahinterliegende Regelsystem meiner Mutter erkennen, damit es dieses für mich als Kind nutzbar machen kann. Denn auch da gilt das, was ich oben schon gesagt habe: Als Kind gehe ich logischerweise davon aus, dass meine Mutter die Welt richtig einschätzen kann, die Welt kennt und dass sie ein supertolles Vorbild für mich ist. Was sie für wahr hält, was für sie real ist, das muss ich als Kind als Gesetz nehmen. Das ist meiner Meinung nach der Grund, warum wir so viele Glaubenssätze von unseren Eltern übernehmen, es ist es nicht so sehr, dass sie diese geäußert haben, es geht vielmehr darum, dass wir sie in vielen Situationen erlebt haben, wo sie nach diesen Glaubenssätzen gehandelt haben.

Prägende Erfahrungen

Ich möchte an dieser Stelle noch einmal kurz den halben Schritt zurückgehen zu den Regeln und Glaubenssätzen, die wir von unseren Eltern übernehmen, die allerdings dann in der Kindheit nicht verwendet werden, sondern erst später ihre Wirkung in unserem Leben entfalten.

Ich bin zum Beispiel der Meinung, dass das in Bezug auf Beziehungen und insbesondere in Bezug auf das Thema „Ehe" der Fall ist. Denn natürlich brauchen wir in Bezug auf diese wichtigen Regelsysteme beziehungsweise Glaubenssysteme in unserem Leben möglichst schon Informationen, bevor wir selbst in ein solches Abenteuer starten.

Ich gehe davon aus, dass die meisten von uns in der Kindheit beobachten können, wie wichtig anderen Menschen eine solche feste Beziehung ist. Es wird in romantischen Filmen davon gesprochen, dass der andere einen vervollständige, dass das Leben überhaupt erst mit einer solchen festen Beziehung beginnen würde oder man überhaupt nur seinen Zweck auf der Erde erfüllen könne, wenn man in einer solchen festen Beziehung lebt. Unsere hormonelle Situation führt dann spätestens in der Teenagerzeit dazu, dass wir uns intensiver mit den Glaubenssätzen zu diesem Thema beschäftigen.

Eine tickende Zeitbombe – eventuell

Doch zweifelsohne werden die meisten Verhaltensweisen bei unseren Eltern beobachtet, wenn wir diese in ihrer Partnerschaft im Alltag erlebt
haben. Sie prägen an jedem einzelnen Tag das, was wir über eine solche
Beziehung glauben. Nur ist es gleichzeitig eben ein sehr schönes Beispiel
dafür, wie sozusagen diese unterbewussten Glaubenssätze in uns schlum-
mern, wir haben ja in aller Regel bis zum 20., 25. oder sogar 30. Lebensjahr keinerlei Verwendung für die Glaubenssätze aus diesem Bereich,
zumindest wenn es um das Thema feste Beziehung und Ehe geht. Der
Einzelne von uns weiß also gar nicht genau, was wir über eine solche Beziehung wirklich glauben, weil diese erst zutage treten, wenn wir tatsächlich eine solche Beziehung eingehen und in ihr leben.

So ist dann auch eben sehr leicht zu erklären, warum wir plötzlich seltsame
oder zumindest für die Partnerin oder den Partner seltsam erscheinende
Verhaltensweisen zeigen, die vorher bei uns nicht zu beobachten waren.
Aus Sicht des Unterbewusstseins und mit den Erklärungen, die ich hier gegeben habe, ist das allerdings nur logisch. Denn viele Verhaltensweisen, die
wir in der Ehe unserer Eltern beobachtet haben, kommen überhaupt erst
dann zum Tragen, wenn wir selbst den Bund der Ehe geschlossen haben.
Selbst einen Tag bevor wir das Jawort gegeben haben, wissen wir nicht, wie
wir uns am Tag danach verhalten werden, weil das eben unterbewusst ist.

Die Hochzeit kann alles verändern

Paare staunen darüber, dass das aus Sicht der Funktionalität des Gehirns
und aus dem Modell der Glaubenssätze, das ich in diesem Kapitel beschreibe, logisch ist. Ich kann meine Partnerin oder meinen Partner als
Ehepartner oder Ehepartnerin überhaupt erst kennenlernen, wenn wir

verheiratet sind, weil ansonsten die entsprechenden Glaubenssätze und Glaubenssysteme nicht aktiv sind. Selbst eine „wilde Ehe" würde gegebenenfalls an dieser Stelle für das Unterbewusstsein nicht genügen, um die für eine „echte Ehe" gespeicherten Glaubenssätze und die damit verbundenen Verhaltensweisen zu aktivieren. Das hier nur in aller Kürze zu dem Thema, warum die eigene Partnerin oder eigene Partner sich nach der Eheschließung gegebenenfalls etwas seltsam verhalten kann. Es stimmt dann, dass wir den anderen eventuell wirklich nicht wiedererkennen. Wir alle lernen eben am Modell, und in Sachen Partnerschaft ist für viele von uns das wichtigste Modell genau das, was unsere Eltern uns vorgelebt haben.

Gegenbeweise werden auch nicht gesucht

Genauso, wie das Unterbewusstsein die gebildeten Regelstrukturen und Glaubenssätze nicht überprüft, sondern sie ab einem bestimmten Zeitpunkt einfach nur noch als gegeben hinnimmt, sucht es auch keine Gegenbeweise. Ja, es ist noch viel schlimmer: Das Unterbewusstsein wird sogar – ich habe das weiter oben schon mal kurz angesprochen – die entsprechenden Gegenbeweise, die für die Bildung eines neuen Glaubenssatzes sprechen würden, in unserer Alltagserfahrung herausfiltern. Damit unser Modell der Welt konstant bleibt, damit wir Stabilität und Ordnung empfinden können, dulden wir praktisch keinen Widerspruch zu dem, was wir gegebenenfalls schon vor 20 oder 30 Jahren gelernt oder von anderen Menschen als Wahrheit übernommen haben, weil wir deren Verhalten beobachtet haben.

Das ist eines der wichtigsten Themen in meinen Seminaren und eine der wichtigsten Deprogrammierungen, die ich für wichtig halte. Das ist übrigens auch der Grund, warum ich meine Teilnehmer gerne mit alternativen Modellen der Welt beschäftige, damit sie unterbewusst lernen, dass es vollkommen unproblematisch ist für ihr Gehirn, wenn sie Glaubenssätze, auch wichtige Glaubenssätze, infrage stellen. Wenn ich das nicht tun würde, wären meine Teilnehmer nicht bereit, sich für neue Modelle der Welt zu öffnen. Wir würden sozusagen unsere Glaubenssätze gegen Angriffe von außen schützen, nur um so tun zu können, als wären wir weiterhin in Sicherheit in einer geordneten Welt in uns.

Natürlich steht das einem erlebnisreichen, schönen und bewusst wahrgenommenen Leben im Weg. Der unterbewusst gesetzte Filter, der sich in unseren Glaubenssätzen äußert, führt eben letztlich zu einer sehr beschränkten Wahrnehmung. Positiv kennt das vermutlich auch jeder von uns: Wenn ich mich für ein bestimmtes Auto interessiere, etwa weil ich das so schön finde oder weil ich darüber nachdenke, es mir als nächstes Auto zu kaufen, dann wird mein Unterbewusstsein dafür sorgen, dass ich dieses Auto an jeder Ecke sehe. Das ist also eine ganz wundervolle Funktion unseres Unterbewusstseins, dass es selbst ohne weiteres Zutun des bewussten Verstandes einen bestimmten Fokus setzt, den es sozusagen von seinen „Besitzer" gelernt hat – in diesem Fall den Fokus auf ein bestimmtes Auto – und es weist den bewussten Verstand im Alltag immer wieder darauf hin, wenn dieses Auto im Umfeld auftaucht. Das Unterbewusstsein ist an dieser Stelle so ein bisschen wie ein Wecker, der uns dann alarmiert, wenn etwas in unserer Nähe kommt, nach dem wir suchen.

Wie suche ich etwas Neues?

Eine der wichtigsten Funktionen, die wir unterbewusst neu lernen dürfen, ist, dass es Spaß macht, neue Glaubenssätze zu bilden, alte infrage zu stellen und damit ein neues Modell der Welt zu schaffen. Teilnehmer, die meine Seminare besucht haben, berichten eben genau davon, dass sie ihr altes Modell von Welt bewusst und gezielt überarbeitet haben, dass sie nicht mehr alles glauben, was sie irgendwann in der Kindheit als wahr angenommen haben, sondern dass sie die persönliche Freiheit darin entdecken, dass sie neue Glaubenssätze und neue Glaubenssysteme und damit eben Modelle ihrer Welt entwickeln können. Denn es sollte an dieser Stelle deutlich geworden sein, dass die Programmierungen, unter denen wir gegebenenfalls im Alltag an jedem einzelnen Tag leiden (müssen), in aller Regel wirklich aus vollkommen zufälligen Beobachtungen und Interpretationen unseres Unterbewusstseins entstanden sind. Wem also an dieser Stelle die Macht der unterbewussten Glaubenssätze klar geworden ist, der wird viel daransetzen, die zufällige Programmierung aufzulösen und sehr bewusst neue Programmierung zu schaffen.

Persönliche Freiheit heißt an dieser Stelle sicherlich auch, die Kontrolle über die eigenen Glaubenssätze zu gewinnen. Das kann zum Teil bedeuten, sie sich aktiv bewusst zu machen, und es kann zum Teil bedeuten, dass wir überhaupt erst einmal lernen dürfen, wie man neue Glaubenssätze bildet und alte auflösen kann. Im Alltag ist es auf jeden Fall so, dass limitierende Glaubenssätze vor allen Dingen dann auftauchen und mir bewusst werden als hinderliche unterbewusste Glaubenssätze, wenn ich lerne, Ziele in meinem Leben zu setzen, am besten eben große Ziele. Denn diese großen Ziele können bei vielen von uns nicht erreicht werden, wenn wir unterbewusst dasselbe glauben, was wir als Kinder schon gelernt haben. Für mich sind solche Ziele die beste Möglichkeit, eben Glaubenssätze zu erkennen, weil ich dann als Mensch eben auch genügend motiviert bin, den entsprechenden Glaubenssatz oder mehrere Glaubenssätze aufzulösen.

Das Verhalten basiert auf Glaubenssätzen

Unser Verhalten im Alltag, vermutlich in praktisch jeder Situation, basiert also auf unterbewussten Glaubenssätzen. Diese werden nicht infrage gestellt, sie werden nicht überprüft und solange wir nicht bewusst durchs Leben gehen, werden sie uns tendenziell nicht einmal auffallen. Natürlich ist der Hinweis „Wir Menschen dürfen lernen, ganz im Moment zu sein und bewusst jeden Moment zu genießen" ganz wundervoll und ohne Frage absolut erstrebenswert. Doch wer dieses Kapitel verstanden hat, der versteht auch, dass das nicht erreichbar ist, weil es eben eine ganz normale Funktion des menschlichen Gehirns ist, aufgrund von automatischen Regelsystemen, eben Glaubenssätzen und Glaubenssystemen, im Alltag möglichst gut zu funktionieren.

Das ist sozusagen die Natur des menschlichen Daseins. Und es ist ja auch keine Frage, dass eine neue Bewusstheit für den einen oder anderen Menschen erst einmal als relativ anstrengende Tätigkeit empfunden wird, einfach weil wir es nicht gewöhnt sind, bewusst im Moment zu leben und unsere Wahrnehmung für den Augenblick zu schaffen. Ich möchte an dieser Stelle nicht darüber diskutieren, ob das sinnvoll ist oder nicht, denn ich persönlich bin sehr gerne bewusst im Augenblick und nehme das Leben sehr gerne bewusst wahr. Doch die Reise dahin war nicht notwendigerweise in jedem Moment sehr einfach.

Die Wahrheit ist meist ein brüchiges und altes Konzept

Ich sehe allerdings in der Beschäftigung mit den Glaubenssätzen und Glaubenssystemen eine großartige Möglichkeit, das eigene Leben sehr viel fröhlicher und – was noch viel wichtiger für den Einzelnen von uns ist – eben nach den eigenen Maßstäben, Werten und Vorstellungen zu gestalten. Das ist die persönliche Freiheit, die mir am Herzen liegt und die ich jedem Menschen schenken möchte, der zu mir kommt und bereit ist, sich für ein neues Modell der Welt zu öffnen. Marcs kleine Welt ist an dieser

Stelle nicht einfach nur meine Meinung über das eine oder andere Thema, Marcs kleine Welt ist vor allen Dingen ein neues Glaubenssystem: Jeder von uns ist in der Lage, sich wirklich zu verändern, indem er auch das verändert, was er unterbewusst für wahr hält über die Welt. Das ist nicht wahr, die individuelle Wahrheit ist nur das Ergebnis von dem, was ich bei meinen Eltern und anderen Menschen beobachtet habe, die mir wichtig waren oder sind.

Diese Wahrheit, von der viele von uns sprechen, ist so brüchig, so zufällig gebildet, so sehr das Ergebnis der Vergangenheit, dass ich mich persönlich sehr leicht damit tue, die aus dieser seltsamen Wahrheit abgeleiteten Regeln infrage zu stellen. Ich habe einfach im Lauf der Jahre feststellen können, wie gut es tut, hier das Ruder meines Lebens selbst in die Hand zu nehmen und zu steuern, wo ich hin möchte und auf welche Weise ich an diesen Ort gelangen möchte.

Es ist wichtig Glaubenssätze zu verändern

Keine Frage, auch in mir gibt es immer noch an der einen oder anderen Stelle limitierende Glaubenssätze, die ich überwinden darf und die ich durch neue, positive Glaubenssätze ersetzen darf. Doch ich kann auch sagen, dass diese Beschäftigung mit den Regelsystemen in mir zu einem neuen Lebensgefühl geführt hat, das ich mir früher niemals hätte vorstellen können. Das Auflösen und Ändern vorhandener Glaubenssätze ist zweifelsohne eine der wichtigsten Fähigkeiten, über die wir Menschen in der heutigen Zeit verfügen dürfen, wenn wir ein wirklich angenehmes Leben für uns gestalten wollen.

Auch neue politische, gesellschaftliche oder eben technisch veränderte Rahmenbedingungen, wie sie etwa durch die künstliche Intelligenz und die damit verbundenen Möglichkeiten geschaffen werden, können die in uns vorhandenen Glaubenssätze und Glaubenssysteme vollkommen untauglich sein lassen. Doch logischerweise werden die allermeisten Menschen nicht in der Lage sein, ihre Glaubenssätze an neue Lebensumstände anzupassen. Sie tun dann einfach so, als würde die Welt da draußen konstant dieselbe sein, weil ihr Modell der Welt konstant ist. Doch das einzig Konstante in der Welt ist die fortwährende Veränderung. An diese Veränderung dürfen wir uns nicht nur gewöhnen, wir dürfen sogar in der Lage sein, durch geeignete Glaubenssätze die Zukunft mitzugestalten in der Art und Weise, wie wir sie gerne haben möchten. Darin liegt eine riesige Chance für jeden von uns.

5. Sich den Herausforderungen des Lebens stellen

Es gibt in unserer Gesellschaft noch ein anderes Verhalten, das vielleicht wieder mal typisch für deutsch ist: Wir konzentrieren uns einfach unglaublich gerne auf unsere Probleme. Das können die meisten von uns sogar im Alltag nachvollziehen, wenn wir einfach mal aufmerksam beobachten, worüber wir und die allermeisten anderen Menschen im Wesentlichen reden. Das kann der Besuch beim Friseur sein oder ein Essen mit Freunden im Restaurant, vielleicht ist es auch einfach nur das alltägliche Gespräch mit einem Arbeitskollegen. Bei diesen und vielen anderen Gesprächen kann einem beim aufmerksamen Zuhören bewusst werden, wie gerne wir uns auf unsere Probleme konzentrieren, wie gerne wir über unsere Schwierigkeiten reden. Und bei diesen Gesprächen geht es dann keineswegs darum, wie man diese Probleme lösen kann, wir wollen gar keine Tipps von den anderen hören und wir wollen oft auch gar keine Lösungen finden. Wir reden einfach gerne über das, was uns an negativen Ereignissen passiert ist.

Das mag auch daran liegen, dass andere es als angeberisch empfinden, wenn jemand von seinen Erfolgen, seinem Glück, seinen guten Gefühlen und seinen Errungenschaften erzählt. Dann schwindet die Anteilnahme und – auch das mag typisch deutsch sein – der Neid kommt bei vielen auf. Probleme sind gesellschaftsfähig, Erfolge sind es nicht. Viele Familien reduzieren ihre Treffen darauf, sich gegenseitig beim Erzählen der aktuellen Nachrichten mit negativen News, Problemen und ungelösten Aufgaben zu überbieten. Wie leicht werden wir alle in diesen Strudel hineingezogen. Es darf die Frage erlaubt sein, ob wir selbst an der einen oder anderen Stelle auch lieber jammern, als von einem schönen Erlebnis zu berichten. Wer sich in seinem Leben wohler fühlen möchte, der darf den negativen Fokus durch einen positiven ersetzen.

Das Gehirn löst gerne Probleme

Es scheint ganz allgemein gesprochen so zu sein, dass unser menschliches Gehirn gerne Probleme löst, es ist eine Problemlösungsmaschine. Vermutlich kennt das jeder von uns, denn wenn wir manchmal ein Problem tagsüber nicht lösen können, dann wachen wir morgens mit der Lösung auf oder sie fällt uns sozusagen ein, während wir duschen, Auto fahren oder spazieren gehen, also entspannt sind und nicht an das Problem denken.

Da arbeitet also das Gehirn quasi alleine vor sich hin und produziert Ergebnisse. Leider hat das den Nebeneffekt, dass das Gehirn eines Menschen, der kaum Probleme hat, sich an dieser Stelle auch gerne mal verselbstständigt und einfach neue Probleme schafft, die eigentlich gar keine sind. Das kann ganz schön anstrengend sein, zum Beispiel wenn man mit jemandem befreundet ist, der dauernd über Probleme klagt, die wirklich nur halluziniert sind, weil er gar keine richtig großen Probleme in seinem Leben hat.

In der Kindheit gab es viel Aufmerksamkeit

Viele Menschen haben in ihrer Kindheit nur Aufmerksamkeit oder besonders viel Aufmerksamkeit von den Eltern oder zumindest von einem Elternteil bekommen, wenn sie krank waren oder eben irgendein Problem hatten. Dann haben sie plötzlich ganz viel Zeit gehabt, diese Eltern, sich quasi überschlagen, nur damit das Kind wieder gesund wird.

Ich habe eine ganze Reihe von Teilnehmern, die etwa Migräne, chronische Bauchschmerzen oder Allergien und andere Erkrankungen nur deshalb haben, weil sie dafür eben ganz viel Aufmerksamkeit von den Eltern bekommen haben, als sie Kinder waren. Diese Erkrankungen verschwinden dann gerne, wenn der Mensch das Muster erkennt und sein Verhalten verändert.

Darauf dürfen wir auch in unseren Partnerschaften sehr bewusst achten, dass wir dem anderen nicht nur dann zuhören, wenn er Probleme hat oder traurig ist, denn auf diese Weise würden wir genau das verstärken, was wir nicht wollen, nämlich dass der andere sich schlecht fühlt, wann immer er Aufmerksamkeit benötigt. Solche unterbewussten Programme zu enttarnen und dann eventuell auch mit dem Partner zu besprechen, erfordert Mut. Doch dieser Mut ist gut investiert, sonst kann es gut sein, dass man sein Leben mit einem „Problembären" verbringt, der ein persönliches Problem nach dem anderen mit nach Hause bringt und natürlich stundenlang darüber reden muss.

Das alte Verhalten unterlassen

Ein wichtiger Trugschluss ist auch in diesem Zusammenhang die Idee, ein Verhalten einfach zu unterlassen, um damit die negativen Auswirkungen nicht mehr zu spüren. Also ganz konkret könnte ja ein Mensch auf die Idee kommen, nachdem er dieses Buch bis hierhin gelesen hat, einfach das negative Verhalten, also etwa das Sich-selbst-ängstliche-Bilder-von-der-Zukunft-Machen, zukünftig zu unterlassen. Doch auch an dieser Stelle wird das menschliche Gehirn mit dieser Art der Veränderung nicht umgehen können. Es macht keinen Sinn, nichts an die Stelle von einem bis hier gezeigten Verhalten zu setzen, das unerwünscht ist. Viel einfacher ist es, an die Stelle des alten Verhaltens ein neues Verhalten zu setzen. Genau davon handeln meine Seminare, es geht nicht um den Wegfall des einen Verhaltens, sondern um das Lernen eines neuen, anderen, fröhlicheren oder einfach in der Situation besseren Verhaltens.

Ich glaube, dass es an dieser Stelle noch einmal ganz wichtig ist, darauf hinzuweisen, dass es nicht um Fehler oder falsches Verhalten geht. Mein Ansatz ist, dass wir Menschen einfach irgend ein Verhalten zeigen, das wir typischerweise in unserer Kindheit gelernt haben. Dieses Verhalten führt zu den Problemen, die wir dann in unserem Alltag als erwachsener Mensch feststellen. Das können kleine Probleme sein und es kann natürlich auch darum gehen, dass wir mit unserem gesamten Leben unglücklich sind und das Gefühl haben, nicht voranzukommen.

Die Größe des Problems ist nicht so wichtig

Doch auch die Größe des Problems stellt keine wirkliche Herausforderung dar. Es ist doch logisch, dass das eine ungeeignete Verhalten nur in sehr wenigen Bereichen des Lebens Auswirkungen zeigt, während ein anderes ungeeignetes Verhalten eben Auswirkungen auf sehr viele Situationen hat. Wenn ich wenig neue Dinge ausprobiere, führt das vermutlich am Ende zu einem nicht so erlebnis- und erfahrungsreichen Leben.

Doch im Alltag würde dieses Problemverhalten wenig Konsequenzen haben, es entstehen eben bei Menschen, die immer alles gleich lassen oder vor ihren Problemen weglaufen oder sie ignorieren, wenige Situationen, die schwierig sind. Das war ja auch die Idee hinter dem Verhalten.

Doch nehmen wir an, jemand hat wenig Zugriff auf seine eigenen Gefühle, ist nicht empathisch und kann sich auch schlecht in andere Menschen hineinversetzen. Ein solches Verhalten, hinter dem in meinem Modell von Welt tendenziell immer nur irgendwelche Ängste sind, hat auf jeden Lebensbereich dieses Menschen Auswirkungen, weil es eben immer darauf ankommt, wie gut ich mit anderen Menschen interagieren kann, beruflich und privat. Wenn jetzt ein Mensch, zum Beispiel nach einem Seminar bei mir, viel besser seine eigenen Gefühle wahrnehmen und artikulieren kann, wird sich dieses neue Verhalten eben auch in ganz vielen verschiedenen Bereichen und täglich erlebten Situationen auswirken.

Insofern hat persönliche Veränderung gar nichts mit der Größe der Probleme zu tun oder mit den Schwierigkeiten, denen sich ein Mensch in seinem Leben gegenübersieht. Meine Arbeit handelt von der Struktur, der unterbewussten Struktur, die hinter dem Verhalten liegt. Diese herauszufinden und zu erkennen ist oft genug der Schlüssel zu gravierenden Verhaltensänderungen im Leben, durch die dann eben natürlich auch die alten Probleme in kürzester Zeit überwunden werden können.

Ein neues Verhalten kann dann nicht nur in einem Lebensbereich zu vielen gelösten Problemen führen, es ist sehr gut möglich, dass das neue Verhalten auch in vielen anderen Lebensbereichen zu neuen Lebensumständen und damit zu großen Glücksgefühlen führt. Das ist genau die Erfahrung, die Teilnehmer meiner Seminare sammeln.

Probleme einfach überspielen

Viele Menschen geben sich im Alltag sehr viel Mühe, ihre Ängste und Sorgen zu überspielen, weil diese ein Zeichen von Schwäche sind. Ich hatte dazu neulich ein spannendes Erlebnis: Bei einem Training traf ich eine Frau, die schon seit vielen Jahren als Managementtrainerin arbeitet. Sie ist sehr erfolgreich unterwegs und erklärte mir, dass sie sehr viele Aufträge hat und sehr häufig vor Gruppen präsentiert. Beim Absolvieren meines Trainings stellte sie fest, dass sie sich plötzlich auf unserer Bühne sehr unsicher fühlte. Das hing damit zusammen, dass sie völlig neue Ideen für ihren Auftritt und die Durchführung eines Trainings lernte. Diese beherrschte sie logischerweise nicht sofort, was sie sehr verunsicherte.

Weil es ihr also nicht auf Anhieb so gut gelang, wie sie es von sich selbst erwartete, war sie völlig aufgelöst. Sie fühlte sich schwach und hilflos und dann passierte etwas sehr Spannendes: Innerhalb weniger Augenblicke überspielte sie ihre Schwäche vollständig und gab sich wieder als die weltgewandte, großartige und natürlich jederzeit selbstbewusste Managementtrainerin. Ich staunte darüber sehr, denn es war wirklich beeindruckend, wie schnell sie die Schwäche überspielen konnte. Zum Glück kann ich Menschen sehr gut fühlen und ihre Gefühle auch dann wahrnehmen, wenn sie mit allen Mitteln versuchen, sie zu vertuschen oder eben zu überspielen. Und so konnte ich sie in aller Ruhe auf die negativen Auswirkungen ihres Verhaltens aufmerksam machen.

Das Überspielen verhindert neues Lernen

Wenn ein Mensch nämlich seine eigene Unsicherheit im Alltag immer wieder überspielt und vertuscht, dann kann er an ganz vielen Stellen logischerweise nichts lernen. Ganz viele Menschen haben im Leben niemals die Chance bekommen, das Küssen zu üben. Bis hierhin ist das alles überhaupt nicht schlimm. Ab einem bestimmten Alter, bei einigen kann dass das 16. Lebensjahr sein und bei anderen vielleicht erst das 28., ist es dann aber irgendwie nicht angebracht, wenn es jemand immer noch nicht gelernt hat. Viele versuchen dann, die mangelnde Übung zu vertuschen, sie tun so, als könnten sie es. Dadurch können sie es aber natürlich noch lange nicht.

Was wird dann also logischerweise passieren? Sie werden Situationen vermeiden, in denen sie küssen müssen oder diese, falls sie doch in einer Beziehung leben, auf ein Mindestmaß reduzieren. Dann wird es aber immer unangenehmer, in solche Situationen zu kommen, also werden diese Menschen aufhören, sich mit anderen Menschen zu treffen und sie zu daten, es könnte ja dann zu einem Kuss kommen und dann würde klar werden, dass sie das gar nicht beherrschen.

Will ich für immer weglaufen?

Wir können vor diesem Problem und ähnlichen Themen zeitlebens weglaufen und ich weiß, dass das die Lösung vieler Menschen im Alltag ist. Sie wechseln die Stelle oder arbeiten gleich gar nicht mehr. Sie vermeiden eine Beziehung, weil sie sich dafür verändern müssten. Sie bleiben lieber dick und fühlen sich unwohl, als ein neues Verhalten zu lernen. Doch durch so ein Ausweichen wird es immer nur noch schlimmer und ich finde es geradezu unerträglich, wenn dieses Verhalten dann von anderen aus falsch verstandener Liebe auch noch unterstützt wird. Ein Beispiel mag das besonders drastisch deutlich machen. Viele Menschen fahren nicht viel mit dem Auto in ihrem Leben, sie haben einen Führerschein, doch es gibt alltägliche Situationen beim Autofahren, die sie scheuen wie der sprichwörtliche Teufel das Weihwasser. Es geht um – der eine oder andere ahnt es schon – das Einparken. Es ist nicht schlimm, dass viele Menschen das nicht gut können. Aber es ist unfassbar, wie viele Menschen es nicht lernen wollen. Sie fahren Umwege, suchen immer ein Parkhaus oder lassen gleich jemand anderen einparken.

Für mich ist das eine der typischen Situationen aus dem Alltag, um die es in diesem Buch geht: Wenn ich so etwas wie Einparken nicht gut kann, dann sollte ich mir, wie jeder andere Autofahrer auch, einfach ein Auto leihen oder mein eigenes nehmen, und dann sollte ich das einfach mal üben. Einen ganzen Sonntag lang, etwa auf dem Parkplatz des Baumarktes, wenn da nicht gerade ein Flohmarkt ist. Notfalls zwei Sonntage und sonst sogar drei oder vier. Es spielt doch keine Rolle, wie lange ich zum Lernen benötige. Für den Rest meines Lebens nicht mit dem Auto in eine Stadt oder sonst wohin zu fahren, weil ich Angst habe, keinen Parkplatz zu finden, kann doch keine sinnvolle Alternative sein.

Mit Wut der Herausforderung begegnen

Ein ganz interessantes Verhalten ist in diesem Zusammenhang, wie Menschen mit der neuen Herausforderung umgehen. Wenn ich etwa meine Exfrau darauf angesprochen habe oder es sich im Alltag ergab, dass sie im Beruf dringend neue Fähigkeiten benötigt hätte, für die sie schlicht hätte lernen müssen, dann wurde sie schnell wütend und machte mir Vorwürfe. Das ist ein weit verbreitetes Verhalten, wenn wir Menschen nicht bereit sind, ein neues Verhalten zu lernen. Wie viele Menschen haben praktisch keinen Sex mehr, weil einer von beiden oder sogar beide zu viel Angst davor haben, sich eine Blöße zu geben, weil sie etwas Neues lernen müssten? Weglaufen, unterdrücken, mundtot machen – das sind dann die üblichen Methoden, um etwa den Partner dazu zu bringen, dass er das Thema nie wieder erwähnt.

Wer Angst und Schrecken verbreitet, um die eigene Unzulänglichkeit zu vertuschen, der wird es in unserer Gesellschaft aller Voraussicht nach ein Leben lang schaffen können, nichts Neues lernen zu müssen. Leider wird dieser Mensch in seinem Umfeld immer auch mit Angst regieren. Mein Vater etwa hat immer Streit angefangen, wenn er unsicher wurde, weil er etwas nicht konnte. Das sollte keiner merken und er hoffte, dass er sein eigenes Unvermögen mit dem vom Zaun gebrochenen Streit verbergen konnte. In ganz vielen Beziehungen funktioniert das dauerhaft.

Wer Angst vor dem Autofahren hat, der macht es dann einfach nicht mehr. Wer ein mieser Liebhaber ist, der fängt immer dann Streit an, wenn seine Partnerin mit ihm ins Bett möchte und deutliche Hinweise gibt. Und wer nicht kochen kann, lädt andere zum Essen ein und geht mit ihnen in ein schönes Restaurant. Wir dürfen hinschauen, in welchen Lebensbereichen wir mit dieser Vermeidungsstrategie letztlich nur erreichen, dass unser Leben nicht aus dem Takt gerät und wir uns eine Blöße geben könnten.

Es geht oft nicht um Talent

Bei solchen Fähigkeiten geht es nicht um das Talent, denn das Lenken eines Fahrzeugs ist sicher keine angeborene Fähigkeit, jeder muss es üben. Der eine lernt es schneller, der andere langsamer, doch sich davor zu drücken, das macht keinen Sinn. Hier aufmerksam hinzuschauen, das eigene Verhalten zu hinterfragen und dann die Schritte zu planen, die mich voranbringen, diese Aufgabe darf sich jeder in seinem Leben vornehmen. Sonst wird man nämlich den Rest seines Lebens vor irgendetwas auf der Flucht sein, was man lernen kann und sollte. Das gilt dann auch für neue Lebensumstände, auch mit denen kann man lernen umzugehen, sie zu meistern und dann sogar zu mögen.

Das ist weiter verbreitet, als man glauben mag

Ich unterhielt mich vor einiger Zeit mit einer Frau, die ich schon mit 16 kennengelernt habe und in die ich damals sehr verliebt war. Ich fragte sie, warum es mit uns nicht geklappt hat, obwohl sie mich auch liebte, und sie gestand mir ein, dass unsere Lebensumstände zu unterschiedlich gewesen seien. Meine Familie war relativ wohlhabend, ihre Eltern hatten nicht so viele Möglichkeiten. Sie hatte seinerzeit als junge Frau Angst davor, dass diese neue Welt, eben die Welt, in der ich lebte, sie überfordert hätte. Und um nicht überfordert zu sein, gab sie mir lieber einen Korb. Sie vermied das mögliche Wachstum, weil es eben hätte Situationen geben können, in denen sie nicht gleich gewusst hätte, wie man damit umgeht.

Statt Wachstum zu wählen und sich mit neuen Möglichkeiten anzufreunden, wählte sie den Weg, den sie schon kannte. Sie wohnt übrigens noch heute in der Stadt, in der sie aufgewachsen ist. Und sie gehört immer noch zu den besonderen Menschen in meinem Leben, auch wenn wir wenig Kontakt haben und teilweise jahrelang nichts voneinander hören. Ich habe durch sie und ihr Verhalten viel gelernt und unter anderem verstanden, dass wir uns mutig einlassen dürfen auf neue Möglichkeiten. Wird das Leben dann immer einfach sein? Sicherlich nicht. Und doch hätten wir gemeinsam vielleicht ein ganz tolles Leben haben können, wer weiß das schon.

Was ich sagen kann, ist, dass sie weiterhin im Leben nicht viel Neues ausprobiert. Sie hält an dem Alten fest, was auch daran liegen kann, dass sie sich einmal bei einer wichtigen Entscheidung für das Bekannte entschieden hat. Das könnte sie, wie jeder von uns, auch heute immer noch ändern. Wir können uns Fehler eingestehen und die Angst überwinden, um dann offen zu sein für neue Verhaltensweisen und ganze Lebensstile. Doch jede kleine Entscheidung im Alltag stellt hier weitere Weichen. Wer heute nicht einparken übt, wird eines Tages auch in ganz anderen Lebensbereichen immer nur das machen, was er schon kann, und nie etwas anderes. So funktioniert unser Gehirn nun mal.

Meine Wirkung als Wachstumsbeschleuniger

Ich wirke gerne als Katalysator für andere Menschen, und zwar gezielt als Katalysator für persönliches Wachstum und Weiterentwicklung. Wann immer ich jemanden beobachte, der einen kleinen Schubser gebrauchen kann, stelle ich mich gerne zur Verfügung. Das kann sogar dazu führen, dass der andere mich dann nicht mehr mag oder auf Abstand geht, eben weil er sich nicht weiterentwickeln möchte. Das gehört zum Leben dazu. Und es ist übrigens auch in meinem Beruf eine wichtige Basis meines Erfolges.

Meine Aufgabe sehe ich nicht darin, dass mich möglichst viele Menschen toll finden oder mich wie einen Guru anhimmeln, Gott bewahre. Ich zeige Menschen die Grenzen ihres Verhaltens auf und ich gebe ihnen konkrete Möglichkeiten zu wachsen, die zum Glück sehr viele Menschen dann auch annehmen. Das ist übrigens bei vielen Trainern und Coaches anders, die machen diesen Beruf, damit sie angehimmelt werden und damit die Leute ihnen zujubeln und sie begeistert feiern. Doch wer so etwas braucht, ist sicherlich ungeeignet, um Menschen wirklich voranzubringen, gerade auch deshalb, weil er dann unbequeme Wahrheiten nicht ausspricht, weil ihm das ein anderer übel nehmen könnte.

Zurück zum Küssen und der Bereitschaft zu üben

Natürlich geht es mir bei den neuen Verhaltensweisen nicht nur um das Einparken und das Küssen. Ich wähle diese Beispiele gerne, weil ich davon ausgehe, dass die meisten sich davon begeistern lassen könnten, es wirklich gut zu können. Wie schön ist es und wie viel Spaß macht es, einen Menschen, den man liebt, innig zu küssen – wenn man es geübt hat. Wenn viele von uns jedoch nicht einmal bereit sind, das Küssen zu üben, obwohl wir das wirklich wollen und es wirklich Spaß macht, wie sieht es dann erst mit anderen Fähigkeiten aus, die wir trainieren müssen? Ich sehe da schwarz, ich beobachte, dass die meisten Menschen sich in ihrem Beruf oder sogar bei einem Hobby einfach nur ein gewisses Niveau erarbeiten und dann aufhören, weiter zu üben.

Übrigens wären vermutlich viele Leser erstaunt, wie oft ich im Seminar höre, wie schlecht die Menschen küssen können. Selbst bei Paaren, die schon lange zusammen sind, ist das ein Riesenthema, wobei es wohl in der Mehrheit der Fälle die Männer sind, die es nicht beherrschen und auch nicht üben. Das Problem ist logischerweise auch schwer zu beheben: Wann soll man einen anderen Menschen, den man kennengelernt hat und in den man sich verliebt hat, darauf aufmerksam machen, dass er oder sie schlecht küsst? Beim ersten Date? Das ist sicherlich keine gute Idee, denn dann würde man den anderen ja eventuell abstoßen.

Soll man das Thema dann nach einer Woche ansprechen, nachdem man schon quasi zusammen ist oder miteinander geht? Das trauen sich viele Menschen nicht mehr und dann kann das Schlimmste passieren, was einem in diesem Leben passieren kann: Wenn man mit diesem Menschen eine längerfristige Beziehung eingeht oder ihn sogar heiratet, dann muss man den Rest des Lebens damit klarkommen, dass dieser Mensch nicht gut küssen kann, weil er eben nie geübt hat und auch nicht üben möchte. Was für eine Katastrophe!

Ehrlich zu sich selbst sein

Das ist mal wieder eine gute Möglichkeit zur Nabelschau: Mag sein, dass sich nicht jeder beim Thema „Küssen" wiederfindet oder dass der eine oder andere Leser sogar der Meinung ist, er sei ein exzellenter Küsser, was ich auch schon wieder verdächtig finde. Denn wenn wir nicht bereit sind, anzuerkennen, dass wir noch etwas lernen können, dann können wir nicht besser werden.

Doch zurück zur Nabelschau: Hier gibt es eben eine schöne Möglichkeit, sich das eigene Leben mal ein bisschen genauer anzuschauen. Ich habe dazu ein paar Fragen zusammengestellt:

- Bei welchen Fähigkeiten habe ich vielleicht vor Jahren schon aufgehört, Fortschritte zu machen, etwas Neues auszuprobieren oder weiter zu lernen? (bitte auch an Kochen und Backen, Sex, das eigene Hobby, die verschiedenen Fähigkeiten im Beruf, wichtige Fähigkeiten wie Lesen, mit zehn Fingern schreiben, Liebesbriefe verfassen, Auto fahren, einparken und so weiter denken).

- In welchen Situationen habe ich mich – wenn ich ganz ehrlich bin – aus Angst nicht getraut, weitere Schritte zu machen?

- Wo verteidige ich den Stand meiner Fähigkeiten gegebenenfalls wortreich, obwohl ich genau weiß, dass ich noch mehr lernen könnte?

- An welchen Stellen weigere ich mich vielleicht schon seit Jahren, eine richtig gute Basis zu schaffen, auch wenn das bedeuten würde, dass ich noch mal wie ein Anfänger ganz einfache Dinge tun oder lernen muss?

- Wo ist es mir schlicht zu peinlich, mir selbst einzugestehen, dass ich noch etwas lernen darf?

- In welchem Lebensbereich ist es mir peinlich oder unangenehm, mit einem anderen Menschen über meine mangelnden Fähigkeiten zu sprechen? Was fürchte ich in diesem Bereich genau? Habe ich Angst abgelehnt zu werden oder würde der andere durch das Gespräch erkennen, dass ich über die entsprechende Fähigkeit nicht verfüge?

Zu jeder einzelnen Frage fallen mir unzählige Beispiele ein, was ich bei anderen Menschen und mir im Lauf des Lebens mitbekommen habe. Wenn es nun also darum geht, glücklicher als jemals zuvor zu leben, dann ist das eine ganz wichtige Aufgabe, uns für die Wahrheit zu öffnen, dass die meisten von uns bei diesem Thema wirklich Analphabeten sind, wir haben keine Ahnung, wie man ein Leben erschaffen kann, das einen wirklich glücklich macht und einem absichtlich und geplant viele schöne Momente beschert.

Faulheit, Feigheit, Eitelkeit

Ich kann das auch noch mal anders formulieren: Wer nicht bereit ist, zuzugeben, dass er bestimmte Fähigkeiten ein Leben lang üben darf, und zwar bei allen Tätigkeiten, die wir ein Leben lang ausführen, der wird sich nicht stark und selbstbewusst fühlen können. Sich selbst einzugestehen, dass man aus Faulheit, Feigheit oder Eitelkeit die eigene Weiterentwicklung behindert, das wäre jetzt ein sehr guter Schritt, zu dem es wohl keine echte Alternative für denjenigen gibt, der von diesem Buch profitieren möchte.

Viele Menschen trauen sich also nicht, die eigene Schwäche zu zeigen, und das nicht einmal bei Menschen, von denen sie behaupten, dass sie ihnen wichtig sind, also etwa der eigenen Familie oder der Partnerin beziehungsweise dem Partner. Das muss über kurz oder lang zu heftigen Problemen führen, denn wenn mindestens einer von beiden immer nur spielt und nur so tut, als wäre er der Starke, dann wird dieses Spiel auffallen oder es wird einfach nur langweilig werden.

Sich klein fühlen

Es gibt noch einen anderen Effekt, den das Überspielen der eigenen Gefühle von Unsicherheit und Angst mit sich bringt. Diesen zu entdecken hat mich viele Jahre meines Lebens gekostet, weil ich ihn nicht verstanden habe. Wenn wir auf Menschen treffen, die eine scheinbar sehr große Selbstsicherheit vor sich her tragen, die sehr aggressiv und selbstbewusst auftreten, dann kann es sein, dass wir aus solchen Terminen oder Besprechungen sehr frustriert heraus-kommen. Mir ist es wirklich oft passiert, gerade mit Gesprächspartnern, die ich als Journalist kennengelernt habe. Zum Teil waren das sogar sehr bekannte Persönlichkeiten, mit denen ich ein Interview führen dürfte. Meistens dauern solche Interviews ein oder zwei Stunden und nach dieser Zeit benötigte ich dann schon mal einen ganzen halben Tag, um mich wieder gut zu fühlen.

Lange Zeit war ich der festen Überzeugung, dass ich mich so klein gefühlt habe im Vergleich zu diesen fantastischen, großartigen Menschen. Doch ich hatte etwas ganz Wichtiges übersehen, was mir erst klar geworden ist, als ich wirklich berühmte Menschen kennengelernt habe, die allerdings eine ganz andere Ausstrahlung haben und auch eine ganz andere Wirkung auf mich. Ein Mensch, der voller Selbstliebe und wirklich stolz auf sich und sei-ne Leistungen ist, in dessen Umgebung fühlt man sich stärker als vorher, nicht schwächer. Das war eine erstaunliche Erfahrung. Im Umfeld unsicherer Menschen, die nur Stärke vortäuschen und ihre Unsicherheit überspielen, geschieht es ganz leicht, dass wir uns klein fühlen. Das hängt überhaupt nicht damit zusammen, dass wir uns selbst so klein finden und dass wir so unbe-deutend sind. Nein, es ist die direkte Folge der Energie dieser Menschen, die ihre wahren Gefühle überspielen und ihre Unsicherheit nicht zeigen können.

Die Energie überträgt sich

Ich würde das damit begründen wollen, dass sich die Energie von einem Men-schen auf den anderen überträgt. Wir fühlen sozusagen die Unsicherheit, die diese Menschen ausstrahlen, sehr deutlich und genau, vor allen Dingen die von uns, die empathisch und sehr gut in der Lage sind, andere Menschen zu fühlen. Je feinfühliger wir sind, umso anfälliger sind wir für die Energien von Unsicherheit und Schwäche, auch und gerade dann, wenn ein anderer sie nur überspielt. Das war ein ganz wichtiger Schlüssel im Leben für mich, diese Zusammenhänge zu verstehen. Gleichzeitig ist es für mich einer der wichtigsten Aspekte, die es zu meistern gilt, wenn ein Mensch glücklich werden möchte. Wir dürfen bereit sein, unsere eigenen Gefühle wirklich wahrzunehmen, uns die eigene Schwäche und Unsicherheit bewusst zu machen und sie auch anderen Menschen gegenüber zu zeigen.

Das bedeutet nicht, dass jeder von uns ab heute durch den Supermarkt rennen und jeden fremden Menschen damit belästigen sollte, wie unsicher wir uns gerade fühlen. Das ist hier nicht gemeint! Es gibt einfach jede Menge Situationen und Anlässe, in denen ich die anderen Menschen mit meinen Gefühlen nicht behelligen muss. Doch ich darf mir meine eigenen Gefühle immer selbst eingestehen und darf eine neue Selbst-Bewusstheit entwickeln für das, was da in mir vorgeht. Aus dieser Selbst-Bewusstheit entsteht Selbstbewusstsein, und das ist ja für viele von uns ausgesprochen erstrebenswert. Das Managen der eigenen Gefühle, das Umgehen damit, wie es mir gerade geht, das ist eine ganz wichtige Fähigkeit auf dem Weg zu einem herrlichen, freien, positiven und spaßigen Leben.

6. Tarnen, tricksen, täuschen

Worauf wir in der Schule vorbereitet wurden, das ist ein fehlerfreies Leben. Denn genau davon handelt ja eben die Schule, darum geht es in jeder einzelnen Stunde und in jedem Schulfach: Wer hier alle Fehler vermeidet, der ist der beste Schüler. Darauf sind unsere Gehirne programmiert worden und so ist es nicht verwunderlich, dass wir dann später als Erwachsene eben auch weiterhin versuchen, Fehler und Probleme möglichst zu vermeiden.

Wenn sie schon auftreten, dann müssen sie möglichst schnell beseitigt werden, und oft genug hilft es auch, sie einfach nur zu überspielen, sodass die anderen nicht merken, dass man ein Problem hat. Insofern ist es gar nicht erstaunlich, dass die allermeisten Erwachsenen vor allen Dingen deshalb unglücklich sind, weil sie die im Leben ganz normal auftretenden Probleme nicht in den Griff bekommen.

Wir machen alle Fehler

Fehler zu vermeiden ist nämlich im Leben eines erwachsenen Menschen weder möglich noch erstrebenswert. Ich bin der festen Überzeugung, dass Fehler nicht einfach nur dazugehören, sondern dass sie eine direkte Folge eines intensiven und an Erfahrungen reichen Lebens sind. Insofern bräuchten wir alle eine ganz andere Qualifikation und Fähigkeit: Wir dürfen dringend lernen, angemessen mit Fehlern umzugehen. Denn nur dann werden wir in der Lage sein, Fehler zu riskieren. Genau diese Perspektive ist es auch, die meiner Meinung nach den Hauptgrund dafür darstellt, dass viele erwachsene Menschen ihre Probleme nicht in den Griff bekommen. Wir suchen nämlich die ganze Zeit nach dem entscheidenden Fehler, den wir ja gemacht haben müssten, weil das Problem ansonsten gar nicht in unserem Leben wäre.

Hat mein Fehler zu dem Problem geführt?

Wenn also zum Beispiel ein Mensch seit längerer Zeit Single ist oder sogar in seinem ganzen Leben noch keine längerfristige Beziehung eingegangen ist, weil sich der passende Mensch noch nicht gefunden hat, so wird dieser Mensch bei sich Fehler vermuten, die er erst beseitigen muss. Diese Sichtweise ließe sich genauso gut übertragen auf einen Menschen, der im Beruf nicht die gewünschte Karriere gemacht hat, sondern vielleicht seit vielen Jahren auf einem bestimmten Niveau hängen geblieben ist. Aufgrund der Erziehung und der Programmierung aus der Schule wird tendenziell auch dieser Mensch davon ausgehen, dass etwas an ihm nicht stimmt, dass er fehlerhaft ist. Positiv könnte das bedeuten, dass dieser Mensch nur den Fehler finden muss, der beseitigt werden muss, um dann die gewünschte Karriere zu machen und den richtigen Menschen endlich zu treffen nach all den Jahren.

Der Fehler ist nicht das Thema!

In Wahrheit geht es im Leben jedoch meiner Meinung nach um etwas ganz anderes: Es gibt gar keinen Fehler in einem Menschen, der zu beseitigen wäre. Ich bin aufgrund meiner Erfahrung absolut davon überzeugt, dass nur unser Verhalten in dem einen oder anderen Kontext ungeeignet ist, um die gewünschten Ergebnisse zu erreichen. Man könnte jetzt natürlich sagen, dass es sich damit um ein fehlerhaftes Verhalten handelt.

Doch auch diese Sichtweise würde in die falsche Richtung deuten. Das Leben handelt eben genau nicht davon, fehlerhafte Verhaltensweisen zu überwinden, sondern in aller Regel geht es darum, neue, besser geeignete Verhaltensweisen zu finden, zu üben und zu lernen. Eine Verhaltensweise, die uns nicht zu dem gewünschten Ziel bringt, ist möglichst schnell durch eine andere Verhaltensweise zu ersetzen. Wenn diese neue Verhaltensweise auch nicht zum Erfolg führt, dann wäre es ausgesprochen ratsam, möglichst schnell eine dritte Verhaltensweise auszuprobieren und das ganze so lange zu wiederholen, bis entsprechend erfolgreichere Verhaltensweisen gefunden sind.

Null Fehler bringen
ein Leben in scheinbarer Sicherheit

Um das noch mal deutlich zu machen: In der Schule ist der am besten, der keinen Fehler macht. Das ist die Eins, die beste Note, das beste Ergebnis. Null Fehler, juhu! Im richtigen Leben werde ich, wenn ich keine Fehler dulde, möglichst keine machen, jeden Fehler vermeiden und ansonsten, wenn etwas nicht funktioniert, immer nur schauen, wo mein Fehler war, an welcher Stelle ich sozusagen falsch abgebogen bin, ein sehr durchschnittliches, langweiliges Leben führen. Null Fehler, wenn das überhaupt im Leben erreichbar sein sollte, heißt konkret: Dieser Mensch hat gar nicht richtig gelebt. Natürlich hätte sich dieser Mensch dann vermutlich sein ganzes Leben lang sicher gefühlt, denn keine Fehler zu machen, das bedeutet wie in der Schule auch, sich relativ sicher fühlen zu können.

Ein schönes und an Erfahrungen reiches Leben erfordert nun nicht das Gegenteil, wir sollen nicht so viele Fehler wie nur möglich machen. Das wäre Unsinn. Wir dürfen allerdings lernen, mit den Fehlern, die zwangsläufig passieren werden, richtig gut umzugehen, sie wegzustecken, aus ihnen zu lernen und sie dann *ad acta* zu legen. Das bedeutet, dass wir eine ganz andere Fähigkeit als in der Schule benötigen. Ich würde als NLP-Trainer sagen, dass wir ein ganz anderes Modell von Welt benötigen, wenn wir dieses Thema lösen wollen. So lange wir ängstlich versuchen, jeden Fehler zu vermeiden, stolpern wir durch unser Leben oder werden starr, etwas, das ich bei Menschen immer wieder beobachte. Sie halten starr an dem fest, was sie sich aufgebaut haben, und sie haben sehr viel Angst, es durch einen Fehler wieder zu verlieren. Wie schön wäre es, wenn diese Menschen lernen könnten, dass Fehler zum Leben dazugehören. Je mehr Übung wir im Umgang mit Fehlern erwerben, desto angenehmer ist das Leben an jedem einzelnen Tag.

Es geht also um ein neues Verhalten, das wir lernen, das wir eben üben müssen, so wie das Spielen eines Musikinstruments oder das Autofahren auch. Insofern handeln meine Seminare von eben dieser neuen Art zu lernen, neue Verhaltensweisen und neue Modelle der Welt zu erfahren und sehr flexibel dabei zu werden, was wir für wahr halten und was wir ausprobieren, um dann aus eigener Erfahrung und nicht aufgrund eines nachgeplapperten Glaubenssatzes unserer Eltern wirklich selbst eine Meinung zu haben, die wir uns aufgrund von Erlebnissen gebildet haben. Weg von der Theorie, hin zur Praxis des Lebens.

Das neue Verhalten macht den Unterschied

Bleiben wir bei dem Beispiel, dass jemand seit vielen Jahren unglücklich Single ist. Natürlich bieten die entsprechenden Datingplattformen jede Menge Möglichkeiten, sich mit anderen Singles zu treffen, sich mit ihnen auszutauschen und eben auszuprobieren, ob man für einander geschaffen ist, ob man endlich den Menschen gefunden hat, mit dem man das ganze Leben teilen kann. Viele Singles machen genau das und sie sind dann nach mehr oder weniger langer Zeit in aller Regel sehr frustriert, weil sie den richtigen Menschen nicht finden. Wenn dann noch die Schuldenke dazukommt, dass sie meinen, fehlerhaft zu sein, den Fehler in sich selbst aber nicht finden zu können, dann sind sie im wahrsten Sinne des Wortes schachmatt.

Doch worum geht es beim Flirten mit dem anderen Geschlecht oder einem anderen Menschen? Es geht doch um die Fähigkeit, sich mit anderen auszutauschen, miteinander zu sprechen, einander zu verstehen und anderen Menschen gute Gefühle zu machen. Ich bin davon überzeugt, dass das genau die Fähigkeiten sind, die viele Singles nicht beherrschen. Was noch viel schlimmer ist: Sie üben sie auch nicht. Natürlich mag es leichter erscheinen, einen Fehler zu vermuten, für den man nicht zuständig ist, der liebe Gott hat einen einfach fehlerhaft erschaffen und deswegen ist man nun dazu verdammt, Single zu sein. Das ist doch Unsinn! Wie sagt der Volksmund so schön: Auf jeden Topf passt ein Deckel.

Einfach mal üben und Fehler machen

Das ist der Grund, warum ich vielen Singles in meinen Seminaren empfehle, erst einmal ganz normale Freundschaften mit dem anderen Geschlecht einzugehen. Viele Singles haben hingegen nur gleichgeschlechtliche Kontakte und Freundschaften und es ist sogar noch viel schlimmer: Singles tauschen sich ausgesprochen gerne mit anderen Singles aus. Die besten Ratgeber, wie Männer angeblich funktionieren, sind dann Frauen, und zwar Singlefrauen. Wenn ich jemanden kennengelernt habe, der sich wirklich nicht mit typisch männlichem Verhalten und typisch männlichen Wünschen auskennt, dann sind es Frauen, die schon längere Zeit Single sind. Sie haben wilde Vermutungen und keinerlei Expertise. Das gilt umgekehrt genauso. Männer können von Singlemännern nichts über Frauen und ihr Verhalten lernen, sondern von Frauen, und zwar am besten von welchen, die in einer liebevollen festen Beziehung sind.

Im Job ist es nicht anders

Auch im beruflichen Kontext gilt hier das Gesagte. Natürlich kann man jetzt einwenden, dass der Studienabschluss oder die passende Berufsausbildung es leichter machen, eine gewünschte Karriere einzuschlagen. Und zweifelsohne kann man zumindest in Deutschland nur Arzt werden, wenn man zuvor erfolgreich ein Medizinstudium absolviert hat. Doch ob ein Mensch dann in seinem Beruf auch wirklich erfolgreich ist, ob er die Karriereleiter nach oben klettert, ein guter Teamleiter wird oder als Chefin oder Chef anerkannt ist, das hängt wiederum überhaupt nicht mit der Ausbildung zusammen, sondern es ist die Folge eines geeigneten Verhaltens.

Jeder darf für sich herausfinden, was ihn glücklich macht

An dieser Stelle sollte ich kurz erwähnen, dass es nicht mein Ziel ist, Menschen beizubringen, wie sie eine gesellschaftlich anerkannte Karriere machen können. Mein Fokus liegt darauf, dass der Einzelne herausfindet, was ihn glücklich machen könnte, und ihm dann dabei zu helfen, diesen Weg einzuschlagen. Selbstbewusstsein und die Kompetenz, die eigenen Themen zu lösen, sich Ziele zu setzen und diese auch zu erreichen, das alles sind Fähigkeiten, die wir in dieser neuen Zeit dringend benötigen. Wir dürfen uns dann sicher auch über die eine oder andere gesellschaftliche Norm hinwegsetzen, und zwar nicht mit auffälligen Piercings oder

Tattoos, mit Protest und Widerstand, unter dem wir nur selbst leiden, sondern mit neuen Fähigkeiten, die wir erlernen können und auf die wir dann zu Recht stolz sind.

Davon handelt eben meine Arbeit, den Menschen gezielt diese neuen Fähigkeiten beizubringen und ihnen damit ein ganz neues Leben zu ermöglichen, das viel schöner ist, als sie es sich jemals vorgestellt haben.

Angst ist eine gute Motivation

Wenn wir einen halben Schritt zurückgehen und noch einmal über die typische Situation in einer Schule nachdenken, dann lässt sich noch etwas anderes erkennen: Angst ist wohl für die allermeisten Schüler die wichtigste Motivation, die sie im Lauf ihrer Schullaufbahn kennenlernen. Konkret ist es die Angst davor, einen Fehler zu machen und dafür bestraft zu werden. Glücklicherweise werden wir heute zumindest an unseren Schulen nicht mehr körperlich bestraft, meistens geht es um psychisch wirksame Strafen, bei denen Lehrer den jeweiligen schlechten Schüler abfällig behandeln, ihm sein Talent in dem jeweiligen Fach absprechen oder ihn eben einfach mit einer schlechten Note bestrafen.

Was viele Lehrer und auch Eltern bis heute nicht verstehen, ist, dass manche von uns durch diese angedrohte Strafe nicht motiviert sind, ins Handeln zu kommen. Einige Menschen sind nur durch Ziele wirklich zu motivieren und es ist fraglich, ob diese Menschen sich dadurch zum Lernen zwingen können, dass sie viele Jahre später ein Blatt Papier in Händen halten, auf dem dann angeblich gute Noten stehen, wenn man sich als Schüler heute aufrafft, vollkommen irrelevanten und im Alltag nicht verwendbaren Stoff zu lernen. Die Schüler sind logischerweise am besten, die durch Angst zu motivieren sind. Damit ist es ebenfalls logisch, dass viele dieser guten Schüler im späteren Leben sehr auf Sicherheit bedacht sind, um damit das Gefühl der Angst zu vermeiden.

Das ist ein sehr schönes Beispiel dafür, wie sich unterbewusste Strategien erkennen und dann die daraus resultierenden Verhaltensweisen ableiten lassen. Ich sage immer: „Die Art eines Gehirns zu denken, ist die Art eines Gehirns zu denken." Das meint, dass ich das Verhalten eines Menschen und auch seine Denkprozesse anschauen und daraufhin, wenn ich die dahinterliegende Struktur richtig verstanden habe, sein weiteres Verhalten auch in ganz anderen Situationen vorhersagen kann.

Schule bringt noch viel mehr bei

Doch auch die Kinder, die durch die Angst nicht zu motivieren sind, können in der Schule ganz viel lernen. Eine der wichtigsten Fähigkeiten, die Schule auch heute noch beibringt, ist zu tarnen, zu tricksen und zu täuschen. Wenn ich zum Beispiel in einer Unterrichtsstunde die Frage eines Lehrers nicht beantworten kann, dann melde ich mich eben nicht. Ich tarne mein Nichtwissen und bemühe mich, mir die Antwort, die ein Mitschüler oder im Zweifelsfall der Lehrer selbst gibt, dann zu merken. Je schlechter die Noten eines Kindes sind, desto mehr wird es in der Schule lernen, sich durch tarnen, tricksen und täuschen zu schützen.

Doch manchmal lässt sich das eigene Unwissen auf diese Weise nicht verstecken, zum Beispiel wenn der Lehrer einen Schüler aufruft. Dann gibt es natürlich die Möglichkeit, das Nichtwissen sofort kundzutun und sich damit gegebenenfalls zum Gespött der Klasse zu machen. Auch das hat der eine oder andere von uns in seiner Schulzeit erlebt und es ist wirklich eine unangenehme Situation. Je nach Unterrichtsfach – und ich denke da zum Beispiel an den Religionsunterricht oder das Fach Deutsch – kann sich ein eloquenter Schüler allerdings mit Textmenge herausreden. Das wäre ein typisches Beispiel dafür, dass jemand versucht, den Lehrer zu täuschen. Denn viel zu reden, das kann schon viel hilfreicher sein, als einfach den Mund zu halten und betreten zu schweigen. Auch das ist eine Lektion, die viele Schüler lernen.

Eltern können dieses Verhalten dann bei ihren Kindern manchmal beobachten, wenn diese redegewandt versuchen, sich um irgendeine Aufgabe zu drücken oder im Nachhinein zu begründen, warum sie eine bestimmte Aufgabe, die zum Beispiel abgesprochen war, nicht erledigen konnten. Dieses Täuschungsmanöver mag in der Schule nicht auffliegen und vielleicht ist es dem jeweiligen Menschen nicht einmal bewusst, dass es sich um ein Täuschungsmanöver handelt.

Gerade Eltern sind dann manchmal völlig begeistert von der Fähigkeit des eigenen Kindes, sie mit Textmenge in den Bann zu ziehen. Im richtigen Leben halte ich das Täuschen für ein ungeeignetes Verhalten, weil es eben zum einen das Lernen neuer Fähigkeiten behindert und zum anderen niemals dazu führen kann, dass wir stolz auf uns sind. Sich dann mit den eigenen Täuschungsmanövern bei anderen noch zu brüsten, ist so ziemlich die dämlichste Idee, auf die ein Mensch kommen kann.

Meine Klavierlehrerin brachte mir bei, erfolgreich zu kommunizieren

Meine Mutter hat sich viel Mühe gegeben, uns, also meiner Schwester und mir, eine gute Erziehung und eine möglichst gute Ausbildung angedeihen zu lassen – leider in meinem Fall ohne den gewünschten Erfolg. Ich erinnere mich zum Beispiel an eine Klavierlehrerin, die meiner Schwester und mir wöchentlich je eine Stunde Klavierunterricht gegeben hat. Ich hatte wirklich keine Lust dazu, dieses Instrument zu lernen, weil ich dafür als kleiner Junge keinerlei Verwendung hatte und es außerdem als ausgesprochen anstrengend empfand, das auch noch immer wieder zu üben. Ich erinnere mich an Nachmittage, an denen meine Schwester den Flohwalzer übte, den vermutlich viele Menschen kennen, die damals das Klavierspielen gelernt haben. Für mich waren das Stunden voller Qual, weil sie sich immer wieder verspielte, dann teilweise wirklich heftig auf die Tasten einschlug, um dann wieder von vorne zu beginnen. Vermutlich werde ich mich an die Melodie des Flohwalzers für den Rest meines Lebens erinnern können.

Manchmal lernen wir etwas ganz anderes

Für mich war das alles nichts, ich hatte weder Lust, Noten zu lernen, noch Klaviertasten zu bedienen. Mein Weg war es, die Klavierlehrerin abzulenken, also zu täuschen, indem ich mich mit ihr als fröhlicher kleiner Junge, der ich damals war, über das Klavierspielen unterhielt. Sie wollte mich mit ihrer Fähigkeit beeindrucken, auswendig gelernte Klavierstücke zu spielen, und mich sicherlich begeistern damit, wie toll sich das anhörte. Ich lernte dadurch sehr schnell, sie dazu zu motivieren, mir ein Stück nach dem anderen vorzuspielen. Ich lobte sie an den geeigneten Stellen, zwischendurch brach sie ab, dann fragte ich sie, ob sie etwa die Noten vergessen habe und das Stück deshalb nicht vollständig auswendig spielen könne. Und ich nahm ihr das Versprechen nicht ab, dass sie in der Lage sei, weiterzuspielen, sondern ich brachte sie dazu, es mir wirklich zu demonstrieren.

Meine Mutter, die zwei Stockwerke tiefer in ihrer Praxis arbeitete, muss damals ein halbes Jahr lang gedacht haben, dass eines ihrer Kinder wirklich unfähig sei, Klavier zu spielen. Ich bin mir heute sehr sicher, dass sie das fehlerhafte Spiel meiner Schwester für mein Klavierspiel hielt und die von der Klavierlehrerin gespielten Stücke für die herausragenden Fähigkeiten meiner älteren Schwester. Ich habe es, wenn ich mich richtig erinnere, ungefähr ein halbes Jahr geschafft, diesen Klavierunterricht einmal pro Woche zu genießen, dabei nicht eine einzige Note zu lernen und nicht ein einziges Klavierstück zu spielen. Gleichzeitig lernte ich aber, meine kommunikativen Fähigkeiten auszubauen und eine ältere Klavierlehrerin dahin zu bringen, dass sie für mich beliebige Klavierstücke auf dem Klavier spielte. Ich bin ja auch heute noch der Meinung, dass das Motto der Gelben Seiten durchaus korrekt ist: Man sollte die Erledigung von Aufgaben jemandem überlassen, der sich damit auskennt.

Der ernste Teil der Angelegenheit

Ich habe bis heute nicht gelernt, Klavier zu spielen, und ich bin mir auch nicht sicher, ob ich das noch lernen möchte. Und natürlich rede ich mir die Vergangenheit schön, wenn ich behaupte, dass ich meine kommunikativen Fähigkeiten während dieses Klavierunterrichts geschult hätte, auch wenn das sicherlich ein positiver Nebeneffekt gewesen ist. Der Nachteil ist definitiv, dass mein Unterbewusstsein damals gelernt hat, sich um Aufgaben zu drücken, die ich hätte erledigen dürfen. Dieses Verhalten hatte ich in der Schule gelernt und ich wurde im Lauf der Jahre sehr erfolgreich darin, es im Alltag einzusetzen. So waren vor allen Dingen meine mündlichen Noten hervorragend, die Beteiligung am Unterricht war häufig das, was meine Zeugnisnoten gerettet hat. Nur nutzloses Wissen auswendig zu lernen und dann zu wiederholen, das hat sich mir nie erschlossen.

Ein bisschen kommt mir das heute zugute in einer Zeit, in der Suchmaschinen wie Google und Bing und dann in absehbarer Zeit vor allem Systeme mit künstlicher Intelligenz wie heute schon ChatGPT uns zu jeder Zeit jegliches Wissen verfügbar machen können. In der Oberstufe hat mir mein geliebter Mathematiklehrer schon erklärt, dass es oft nicht so wichtig ist, etwas auswendig zu können, man müsse nur wissen, wo es steht. Heute steht alles in diesem Internet und wir können praktisch weltweit auf das Wissen der Welt und der Menschheit zugreifen. Insofern sind die Schulen mit ihrem heutigen Angebot noch mehr auf dem Holzweg, als sie es zu meiner Zeit schon waren. Aber auch das ist ein anderes Thema.

Schule will neues Lernen mit Kritik erreichen

Ein weiterer Aspekt, der auch in der Erziehung und dann im weiteren Leben der meisten von uns eine wichtige Rolle spielt, ist die Kritik. Frei nach dem Motto: Ich kritisiere dich, weil du mir so wichtig bist. Doch die Frage darf erlaubt sein, ob das wirklich stimmt und ob wir durch Kritik besser werden. Gibt es vielleicht noch bessere Methoden, um einem Menschen andere Verhaltensweisen beizubringen, als ihn zu kritisieren?

Für meine Eltern stand das außer Frage: Sie kritisierten mich jeden Tag und mit etwas Übung konnte ich sogar schon vorhersagen, was sie beim Frühstück oder Abendessen an mir auszusetzen hätten. Wer so groß geworden ist, übt tendenziell Selbstkritik, harte Selbstkritik am eigenen Verhalten, wir tun praktisch das mit unserem eigenen Gehirn und in uns selbst, was wir von der Schule und unseren Eltern gelernt haben. Diese Selbstkritik verfolgt viele Menschen dann auch im Alltag.

Kritik bringt meist nichts

Mein Lieblingsbeispiel ist eine Frage, die ich übergewichtigen Menschen gerne mit auf dem Weg gebe, die schon länger übergewichtig sind und es gerne ändern würden, die gerne schlank und sportlich und muskulös wären. „Haben Sie es schon einmal mit Selbstkritik probiert?", so lautet meine Frage, die meist zu entsetzten Gesichtern führt. „Selbstkritik?", so die Antwort der meisten, „ich kritisiere mich den ganzen Tag und für jeden einzelnen Bissen, den ich zu mir nehme." Meine Antwort versetzt sie dann noch mehr in Erstaunen: „Was wäre, wenn Sie dann mal etwas anders machen, es mit Lob probieren und mit guten Gefühlen, um sich ein neues Essverhalten anzugewöhnen?"

Jeder kann sich wohl denken, dass diese Menschen mich für ein bisschen verrückt halten, auch wenn sie das vielleicht nicht äußern. Doch ich meine es absolut ernst: Wenn wir im Alltag feststellen, dass wir uns und andere kritisieren, dann sollten wir uns auch einmal fragen, ob wir selbst oder andere überhaupt schon einmal mit positiven Gefühlen unser Verhalten dauerhaft geändert haben oder doch eher aufgrund der Selbstkritik oder der Kritik eines anderen Menschen. Ich habe eine klare Vermutung: Nein! Das ist auch ganz logisch, wenn wir lernen, das menschliche Gehirn zu verstehen. Wir Menschen vermeiden alles Negative, davor laufen wir weg. Wir streben nach dem Positiven, dem Schönen, dem Angenehmen.

Lernen funktioniert mit Spaß am besten

Wer also sein Verhalten ändern möchte, der darf auch an dieser Stelle bereit sein, mal etwas anderes, neues auszuprobieren. Der Mythos, dass Kritik ein neues Verhalten begünstigt, darf endlich aus den Köpfen verschwinden. Wir alle lernen gerne mit Spaß und Freude, wenn es leicht ist zu lernen, dann sind wir mit ganzer Kraft dabei. Jeder von uns hatte hoffentlich mal einen Lehrer oder Ausbilder, der begeistert war von seinem Fach und der mit Freude und Elan dabei war, ihm etwas zu erklären, eine neue Fähigkeit beizubringen und immer wieder zu üben. Das waren in meinem Leben die Menschen, die mich immer am meisten und am besten zu neuem Verhalten inspiriert haben, die brauchten mich nicht zu kritisieren, sie haben mich einfach mit ihrer Begeisterung angesteckt.

Wer andere kritisiert, findet sich selbst nicht okay

Viele Eltern von Teilnehmern geben ihren Kindern gerne Tipps und reden selbst erwachsenen Kindern noch ins Leben rein. Warum tun diese Eltern das? Warum trauen sie ihren Kindern nicht? Ich habe im Seminar vor ein paar Jahren die Antwort auf diese Fragen gefunden: Eltern, die sich auch bei erwachsenen Kindern noch einmischen und Kritik an den Kindern üben, sind immer Menschen, die mit ihrem eigenen Leben unzufrieden sind. Das kann jeder gerne überprüfen in seinem eigenen Umfeld, ich habe bisher keine einzige Ausnahme dazu gefunden.

Wenn also unsere Eltern uns begeistert vorleben würden, wie man eine liebevolle Beziehung lebt, sich selbst immer wieder neu erfindet, Probleme löst, Fehler als Feedback nimmt und aus ihnen lernt, wenn sie also funktionstüchtige, positive, lustige Menschen wären, dann würden wir an ihren Lippen kleben und gerne von ihnen lernen. Doch die meisten Eltern waren doch völlig damit beschäftigt, genug Geld zu verdienen, ihre Schwächen zu verstecken vor uns, den anderen und vermutlich sogar vor sich selbst, und markierten den selbstbewussten Vater oder die gar nicht unglückliche Mutter.

Gefühlt haben wir das als Kinder, dass vieles davon nur eine Fassade war. Wollen wir selbst auch wieder Menschen sein, die nur aus einer leuchtenden Fassade bestehen, hinter der nur lächerliches Gehabe steckt? Oder sind wir bereit, einen neuen Weg einzuschlagen, unsere Themen wirklich zu lösen und ein neues Verhältnis zu uns, dem Leben und all den Menschen in unserem Umfeld aufzubauen? Dafür dürfen wir unsere Schwächen annehmen und lernen, sie zu überwinden. Kritik wird dann der schlechteste Ratgeber sein.

Das Erkennen der eigenen Schwäche und das Eingeständnis, dass wir etwas nicht beherrschen, verstehen, nachvollziehen können, das kann den Unterschied machen. Viele Erwachsene sind gerade in der Rolle als Eltern so etwas wie unfehlbare Supermenschen, zumindest ist das die Rolle, die sie gegenüber den eigenen Kindern einnehmen. Was für ein Unsinn! Natürlich, Kinder wollen sich sicher fühlen bei ihren Eltern. Doch ich muss als Vater trotzdem nicht alles wissen und können, und ich kann und sollte das meinen Kindern auch ganz offen zeigen und sagen. Denn nur auf diese Weise können sie doch lernen, dass man einfach Fehler machen und Schwächen zugeben kann. Man stirbt nicht davon, man wird einfach nur besser und gleichzeitig gewinnt man ein großes Stück persönliche Freiheit zurück, wenn einem nicht mehr so viel peinlich ist.

Bei einem Witz mitlachen

Ich habe mir inzwischen sogar konsequent abgewöhnt, bei Witzen mitzulachen, die ich nicht verstanden habe. Das kennt vermutlich jeder von uns, dass man in fröhlicher Runde zusammen steht, einer erzählt einen neuen Witz, den er gehört hat, und man selbst versteht nur Bahnhof. Alle anderen in der Runde lachen, lachen zum Teil sogar laut, lachen lange, auffällig lange. Was nun? Der frühere Marc hätte mitgelacht, hätte überspielt, dass er den Witz nicht verstanden hat. Aber zum Glück ist diese frühere Version von mir Geschichte. Wenn mir so etwas heute passiert, dann warte ich, bis alle zu Ende gelacht haben, und dann sage ich ganz offen und ehrlich zu dem Erzähler des Witzes, dass ich den Witz nicht verstanden habe und dass ich ihn bitte, ihn mir noch mal zu erklären. Dann passiert etwas

Spannendes: Manchmal verstehe ich den Witz dann doch und der ist dann vielleicht gar nicht so lustig. Oder ich verstehe den Witz immer noch nicht und muss noch einmal nachfragen. Aber ich habe mir abgewöhnt, dass mir das peinlich ist.

Übrigens passiert in den meisten Fällen dann noch etwas anderes: Mindestens eine andere Person aus der Runde spricht mich im Nachhinein noch einmal darauf an und gesteht mir, den Witz auch nicht verstanden zu haben, und bedankt sich dafür, dass ich nachgefragt habe. Mich freut es sehr, denn es ist eine Möglichkeit, wie Menschen lernen können, dass man mit einem neuen Verhalten neue Ergebnisse erreichen kann. Es ist mir nicht wichtig, dass andere Menschen mich für intelligent halten und der Meinung sind, dass ich immer und überall alles sofort verstehen kann. Das tue ich nicht. Es kann sogar sein, dass meine Lehrer recht hatten, als sie der Meinung waren, dass ich etwas langsamer lerne als andere Kinder. Ich kann es nicht überprüfen und ich weiß nicht, ob andere Menschen wirklich so viel schneller sind als ich. Das kann durchaus sein und es ist okay. Ich kann ja mal nachfragen und das mache ich jeden Tag.

Die Schule prägt uns fürs Leben

Für mich ist es überhaupt keine Frage, dass das Verhalten in der Schule uns für unser Leben prägt, weil unser Gehirn in dieser Zeit in Bezug auf die wichtigen Verhaltensweisen programmiert wird – und damit meine ich vor allen Dingen unser Unterbewusstsein. Wir lernen in dieser Zeit Strategien kennen und da es in unserem Unterbewusstsein keine Kontrolle gibt, die die vorhandenen Strategien, die immer wieder ablaufen, überprüft, prägt die Schule das Verhalten der meisten Menschen ein Leben lang. Wer also damals durch Angst motiviert war und sich durch Lernen und das Anhäufen von Wissen in Sicherheit gebracht hat, der wird das tendenziell auch den Rest seines Lebens so machen. Die Inhalte mögen sich ändern, das dahinterliegende Verhalten beziehungsweise die unterbewusste Strategie nicht.

Das lässt sich in dem Kontext dieses Buches nun auch andersrum verstehen: Wenn ein Mensch in seiner Kindheit keine Strategien und Verhaltensweisen gelernt hat, um seine Ängste zu überwinden und glücklich zu sein, dann wird dieser Mensch es schwer haben, als Erwachsener Glück zu empfinden, stolz auf sich zu sein und das Leben zu genießen. Denn ich bin fest davon überzeugt, dass es ganz konkrete Verhaltensweisen gibt, die einem Menschen helfen, sich sicher, erfolgreich und frei zu fühlen. Um das an dieser Stelle schon einmal deutlich zu sagen: Das bedeutet nicht, dass ein bestimmtes Verhalten, also etwa der Erwerb eines teuren Autos oder einer großen Portion Eis, einen Menschen glücklich macht. Es ist die Struktur hinter dem Verhalten, die unterbewusste Struktur, die es wahrscheinlicher macht, dass ein Mensch in seinem Leben glücklich wird.

Freistunde oder der Alltag in vielen Unternehmen

Doch genau diese Struktur wird in der Schule nicht gelehrt. Tarnen, tricksen und täuschen sind die bevorzugten Methoden, mit denen sich die Schüler durch das Leben schummeln, die nicht so gute Noten haben. Wer Mitarbeiter führt und nach dem Lesen dieses Kapitels im Alltag das Verhalten dieser Menschen überprüft, wird an ganz vielen Stellen genau diese Verhaltensweisen finden. Das ist ein Thema, das viele Unternehmen in den Ruin treibt, weil die Mitarbeiter mit dem, was sie in der Schule gelernt haben, den Erfolg des Unternehmens absichtlich verhindern, auch wenn sie dies nicht offen tun und es den meisten nicht einmal bewusst ist.

Da werden Kaffeepausen verlängert, Dienstreisen angesetzt, die nicht nötig sind, und jede Menge Aktivitäten vorgetäuscht, die überflüssig sind. Wer an Meetings in Unternehmen teilnimmt – und ich habe als Berater manchmal diese Gelegenheit –, der fühlt sich nicht selten in die Schule zurückversetzt: Viele dieser Meetings haben genau dieselbe Struktur der besten Schulstunde, die man haben konnte, einer Freistunde. Die Eloquenten labern vor sich hin, die anderen halten den Mund und denken sich ihren Teil. Einige – häufig die Vorgesetzten – markieren den „dicken Max" und müssen zu allem ihren blöden Senf hinzugeben. „Uneffektiv" ist da noch die schönste Beschreibung, die sich finden lässt. Und eben vor allem inspiriert durch die Schulzeit, eine andere Form von tarnen, tricksen und täuschen.

Wer schummelt, der kann nicht stolz sein

Wer schummelt, der wird allerdings niemals stolz auf sich sein können, weil er ja selbst weiß, dass er das Ergebnis mit unlauteren Methoden erreicht hat. Hat ein Manager sein Gehalt verdient, wenn er in genügend vielen Meetings genügend viele Stunden verbracht und hier und da ein bisschen mitgeredet hat? Können wir mit den heutigen Werkzeugen überhaupt überprüfen, ob sein Verhalten zum Unternehmenserfolg beiträgt oder ob das Unternehmen trotz seines seltsamen Einsatzes erfolgreich ist? Wir alle dürfen uns selbst sehr genau beobachten, um das Tarnen, Tricksen und Täuschen zu enttarnen. Im Alltag merken wir vielleicht noch an anderen Stellen, wie die Schule uns geprägt hat.

Das sind die Teilnehmer, die als Erwachsene die Steuererklärung immer noch auf den letzten Drücker abgeben. Die den tropfenden Wasserhahn dann erst reparieren, wenn die Partnerin mit dem Auszug droht. Die sich bei den eigenen Eltern melden, weil sie dem ansonsten folgenden Streit aus dem Weg gehen wollen. Kurz, Menschen, die nichts machen, ohne dass sie massiv unter Druck gesetzt werden. Und dieselben Menschen haben oft einen Orden als „Bester Ausredenerfinder" verdient. Denn sie haben – privat wie beruflich – immer schnell eine plausible und nachvollziehbare Ausrede bei der Hand. Das nutzen sie auch für ihr eigenes Verhalten und sich selbst gegenüber, eben etwa bei der Steuererklärung oder beim Gang in die Muckibude. Manche werden dann sogar zu den sogenannten Messies, die vollkommen verwahrlosen und ihre Wohnungen zumüllen, nichts mehr im Leben wirklich in den Griff bekommen und einfach untergehen. Wir dürfen vielleicht verstehen lernen, dass auch solches Verhalten aus der Kinderzeit und der Schule kommt.

Ein Riesenthema in der Kindererziehung

Das ist meiner Meinung nach auch ein riesengroßes Problem, das wir mit dem heute bevorzugten Erziehungsstil bei den Kindern verursachen. Damit die Kinder keinen psychischen Schaden nehmen, bemühen sich viele Eltern aktuell darum, sie immer nur zu loben, niemals zu kritisieren und schon gar nicht für ein Verhalten zu tadeln. Ich habe mir von einem befreundeten Trainerkollegen sagen lassen, dass es an amerikanischen Schulen inzwischen so weit gekommen ist, dass die Kinder schon dann gelobt werden, wenn sie überhaupt irgendein Ergebnis nennen.

Nach dem Motto: „2 + 2 ist …?", fragt der Lehrer. „Fünf", antwortet der Schüler. Darauf antwortet der Lehrer: „Das ist wundervoll, dass du dich gemeldet hast, dass du die Hand gehoben hast, dass du so engagiert bist und dich am Unterricht beteiligst. Ich bin stolz auf dich, du bist ein ganz wundervolles Kind. Mach bitte unbedingt so weiter und bleibe auf deinem Weg, ich bin so glücklich, dass du ein Schüler in meiner Klasse bist." Ja, ein Kind, das ein klares Feedback bekommen würde, könnte lernen. Und es kann auch mal passieren, dass es sich bloßgestellt fühlt. Gehört das nicht auch zu einem ganz normalen Leben dazu? Ist es nicht besser, Kindern beizubringen, wie sie mit Fehlern, Ablehnung, Ausgrenzung, Mobbing und den anderen negativen Begleiterscheinungen umgehen lernen, anstatt den Versuch zu unternehmen, sie während der gesamten Kinder- und Jugendzeit in Watte einzuhüllen und sie damit nicht überlebensfähig zu machen?

Wer das Beispiel mit dem Mathelehrer für übertrieben hält, der möge sich einfach mal auf der einen oder anderen Social-Media-Plattform anschauen, für welchen Unsinn Menschen heute gelobt werden. Da kann jemand einen wirklich miserablen Podcast produzieren und jede Menge Menschen werden ihn dafür loben, dass er sich traut, trotz seines mangelhaften Wissens und seiner mangelhaften Fähigkeiten als Sprecher einen Podcast zu produzieren, sich ans Mikrofon zu setzen. In was für einer Welt leben wir? Es ist eben die Welt der Menschen, die nach dem Erleben der Schule nur noch probieren, mit Tarnen, Tricksen und Täuschen durchs Leben zu kommen. Übrigens wird auch das nachhaltig keine Glücksgefühle und keinen Stolz verursachen können, da die Menschen sich ihrer mangelhaften Leistung bewusst sind.

Was ist denn dann Freundschaft?

In diesem Zusammenhang darf sich jeder von uns sicher auch mit der Frage beschäftigen, was das für eine gute Freundschaft bedeutet und welches Feedback in der Partnerschaft angemessen und wichtig ist. Keine Frage, wir werden gerne gelobt, am liebsten von jemandem, der sich mit unserem Fachgebiet auskennt und der dann auf der Basis seiner Kenntnisse ein positives Feedback gibt. Doch die Frage darf ja auch in anderer Hinsicht erlaubt sein: Muss ich alles loben, was ein Freund oder eine Freundin macht? Wenn der Kuchen, den sie zum Nachmittagskaffee serviert und den sie zum ersten Mal selbst gebacken hat, wirklich abscheulich schmeckt, muss ich das dann sagen, darf ich es sagen und worauf muss ich achten.

Ich habe das mit einem Freund erlebt, der ein Restaurant betreibt. Oft schmeckt das Essen trotz gehobener Preise nicht so gut, wie es schmecken könnte. Manchmal ist es zudem zu kalt oder schmeckt wirklich fade. Auch der Service könnte besser sein, und da hilft es nichts, dass er immer wieder erzählt, wie schwer es sei, geeignete Mitarbeiter zu finden. Wenn es mein Restaurant wäre, würde ich ständig an der Qualität feilen und so lange immer wieder neue Mitarbeiter einstellen und den vorhandenen hinterherrennen, bis die Qualität für mich stimmig wäre. Dazu muss ich jedoch anmerken, dass ich an mich und meine Arbeit eben immer sehr hohe Ansprüche habe – das mag eine Besonderheit sein, die heute eben nicht mehr selbstverständlich ist.

Muss ein Freund immer seiner Meinung sagen?

Jedenfalls halte ich mich bei diesem Freund mit Feedback zu seinem Restaurant immer sehr zurück, nur wenn er mich direkt fragt, gebe ich Antwort und auch die möglichst so, dass man schon genau hinhören muss, dass ich mit der Performance des Teams nicht glücklich bin. Steht es mir zu, den Betrieb zu kritisieren? Muss ich das als Freund? Hat das mit Ehrlichkeit zu tun? Das sind die Fragen, die mich beschäftigen und die ich gerne mit meinen Freunden diskutiere. Schließlich bin ich kein Experte in Sachen Restaurantführung und schon gar nicht in Sachen Kochen. Über Geschmack lässt sich zudem bekanntlich auch nicht streiten.

Für mich gibt es auch noch einen wichtigen anderen Aspekt: Ich möchte das Ziel kennen, das ein Mensch verfolgt, denn nur dann kann ich angemessen Feedback geben. Nehmen wir an, das Ziel sei in diesem Fall, mit möglichst wenig Aufwand möglichst viel Geld zu verdienen, sich wenig aufzuregen und stolz darauf zu sein, dass der Laden läuft. Dann würde ja mein Feedback einfach nur bedeuten, dass ich ein anderes Ziel für ein Restaurant hätte als mein Freund. Mein Feedback würde sich also auf mein halluziniertes Ziel beziehen und nicht auf seins. Nur dann, wenn ich das Ziel des anderen Menschen kenne, kann ich ihm Feedback geben.

Andere Trainer bitten mich oft um Feedback

Da ich in meiner Branche inzwischen recht bekannt bin, kommen natürlich viele Trainer und Speaker zu mir, um noch besser zu werden, oder sie bitten um mein Feedback, wenn ich ihre Seminare oder Vorträge besuche. Ich mache das natürlich gerne und ich bitte sie dann immer erst, mir zu erklären, welches Ziel sie mit dem Training hatten und welches neue Verhalten sie bei den Zuhörern erreichen wollten. Für mich ist das der einzige Grund, warum jemand als Trainer auf einer Bühne steht: Er möchte den Menschen, die ihm zuhören und zusehen, ein neues Verhalten beibringen oder sie zumindest dazu motivieren. Meist endet dann an dieser Stelle schon meine Möglichkeit, Feedback zu geben, da der Kollege mir nicht sagen kann, was das gewünschte Ergebnis hätte sein sollen.

Vielleicht wollen diese Menschen einfach nur gelobt werden. Dann müssten sie mir das vorher sagen, denn dann mache ich das. Ansonsten muss ich erst das Ziel kennenlernen und dann kann ich meine Meinung dazu sagen, ob es auf diesem Weg erreichbar ist beziehungsweise ob ein Training oder ein Vortrag auf andere Weise noch bessere Ergebnisse hätte erbringen können. Wenn das Ziel eines Trainings oder Vortrags ist, möglichst viel Geld zu verdienen oder viel Applaus zu bekommen, dann ist das eine andere Zielsetzung, die ich nicht für gut halte. Doch viele Kollegen gestehen sich und anderen nicht ein, dass es ihnen im Wesentlichen nur darum geht.

Wenig arbeiten und Steuern hinterziehen

Wer die Logik der unterbewussten Strukturen einmal verstanden hat, der versteht auch, warum so viele Arbeitnehmer stolz darauf sind, möglichst wenig zu arbeiten. Sie arbeiten ihre To-do-Liste nur sehr zögerlich ab und versuchen an allen möglichen Stellen, sich um das Arbeiten zu drücken. Andere wiederum, ich beobachte das vor allen Dingen bei Selbstständigen und Inhabern kleiner Unternehmen, sind unglaublich stolz darauf, wenn sie mit dem einen oder anderen möglichst legalen Trick Steuern hinterziehen. Ich weiß schon, das machen auch die großen Konzerne sehr geschickt und dabei geht es um Milliardenbeträge. Was soll dann so schlimm daran sein, wenn ein einzelner Mensch, dem ein kleines Unternehmen gehört, ein bisschen Steuern spart mit dem einen oder anderen ganz legalen Steuertrick? Seminare zu diesem Thema sind übrigens gern besucht, Menschen sind bereit, sehr viel Geld für solche Fortbildungen auszugeben, nur um dem Finanzamt eins auszuwischen.

Es sollte klar geworden sein, dass es mit dieser unterbewussten Strategie schwierig wird, ein glückliches Leben für sich selbst zu erreichen, stolz auf sich zu werden und sich wirklich erfolgreich zu fühlen. Das liegt daran, dass wir tief in uns natürlich genau wissen, dass wir den einen oder anderen Erfolg unseres Lebens nur dadurch erreicht haben, dass wir andere Menschen oder etwa das Finanzamt hereingelegt haben.

Eigene Fähigkeiten machen uns stolz

Ich bin davon überzeugt, dass es sehr wichtig ist, stolz auf unsere Fähigkeiten und einzigartigen Eigenschaften zu sein, weil das sehr gute Gefühle macht, die sich dazu auch noch durch eigenes Handeln wiederholen lassen. Wenn sich ein Mensch jedoch dahin trainiert hat, dass seine Handlungen meist davon handeln, andere Menschen übers Ohr zu hauen oder über den Tisch zu ziehen, dann wird er kaum in der Lage sein, auf sich stolz zu sein und sich zu freuen über das, was er erreicht hat. Selbst dann, wenn dieser Mensch bei seinen Freunden und Bekannten damit angibt, wie erfolgreich er andere Menschen betrogen hat, gibt es tief ihn ihm einen Kompass, der ihm jederzeit sagt, dass er etwas getan hat, was nicht okay ist.

Das eigene Verhalten fällt auf einen zurück

Ich habe für mich anstelle des alten Verhaltens, das ich in der Schule gelernt habe, ein neues Verhalten gelernt: „Was du nicht willst, das man dir tu, das füg auch keinem anderen zu." Menschen, die esoterischer unterwegs sind, würden das mit der Lehre des Karma begründen. Mir ist es vollkommen egal, ob jemand daran glaubt, dass er im Lauf seines Lebens alles zurückbekommt, was er anderen Menschen angetan hat, oder ob zum Beispiel ein religiöser Mensch daran glaubt, dass er für seine Missetaten in die Hölle kommt. Ich glaube einfach, dass der oben genannte Satz eine sehr einfache Voraussetzung dafür ist, in seinem Leben wirklich glücklich zu werden, weil man dann nichts bereuen muss.

Hinter diesem einen Satz steckt ein komplettes Wertesystem, das ich persönlich für sehr erstrebenswert halte. Wenn wir aufhören, irgendeiner Pflanze, irgendeinem Tier, einem anderen Menschen oder einer Organisation, die ja auch nur aus Menschen besteht, etwas anzutun, von dem wir nicht wollen würden, dass jemand uns das antut, dann sind wir meiner Meinung nach auf einem sehr guten Weg. Ganz konkret glaube ich sogar, dass die meisten unserer heutigen Probleme von heute auf morgen beseitigt wären, wenn sich jeder an diesen Satz halten würde. Jetzt kann man natürlich darauf warten, dass erst alle anderen ihr Verhalten diesbezüglich ändern, sodass man dann auf den fahrenden Zug aufspringen kann. Doch wer sein Leben positiv gestalten und in den Griff bekommen möchte, der darf vor allen Dingen auch an dieser Stelle nicht warten. Nur weil mein Expartner mich hereingelegt hat oder weil meine Eltern mich in meiner Kindheit schlecht behandelt haben, gemein und hinterhältig zu mir waren, ist das noch lange kein Grund, sich selbst und andere Menschen schlecht zu behandeln.

Das eigene Leben überprüfen

Ich weiß schon, im eigenen Leben wirklich hinzuschauen, sich bewusst zu werden und vor allen Dingen auch ehrlich zu sich selbst zu sein, das ist ein wirklich großer Schritt. Ich kann von mir selber sagen, dass ich lange Zeit meines Lebens mit mir selbst sehr, sehr unzufrieden gewesen bin. Es ging nicht so sehr um den Aspekt, dass ich mich selbst nicht mochte und mich ablehnte, es ging vor allen Dingen darum, dass ich auch angefangen habe, mich selbst hereinzulegen, ebenso, wie ich es in der Schule gelernt hatte. Doch wenn es um einen selbst geht, dann macht es doch gar keinen Sinn, zu tarnen, zu tricksen und zu täuschen. Leider ist allerdings dieses Verhalten in unserer Gesellschaft weit verbreitet und ich lerne in meinen Seminaren, wie sehr sich die Menschen dagegen wehren, sich ihr eigenes Leben ehrlich anzuschauen.

Das eigene Verhalten hinterfragen

Trotzdem ist meine unbedingte Empfehlung, am besten jetzt gleich über die eigene Lebenssituation und das eigene Verhalten im Leben nachzudenken. Hier sind ein paar Fragen, die dabei weiterhelfen können:

- Wem gegenüber verhalte ich mich derzeit unfair?

- Wo bringe ich nicht die vereinbarte oder erwartete Leistung?

- Wo betrüge ich absichtlich einen Menschen oder eine Organisation?

- Wann habe ich mal jemanden hereingelegt oder übervorteilt und schäme mich heute noch dafür?

- Bei welchem Menschen muss ich mich für mein Verhalten schnellstmöglich entschuldigen, weil es wirklich nicht okay war?

Das Leben in Ordnung bringen

Das sind nur ein paar Fragen und es gibt sicherlich noch viele weitere, die ich an dieser Stelle stellen könnte. Ich möchte die Gelegenheit nutzen, an dieser Stelle noch ein bisschen Werbung für ein ehrliches Leben zu machen. Um es noch einmal zu sagen, das steht bisher in unserer Gesellschaft nicht hoch im Kurs. Ehrlich zu sein im Leben, das ist für mich eine der attraktivsten Verhaltensweisen, die es überhaupt gibt. Keine Frage, am Anfang tut es richtig weh, vor allen Dingen dann, wenn man sich schon seit vielen Jahren selbst anlügt.

Dieses Hinschauen, was bei vielen Menschen passiert, wenn sie zum ersten Mal in mein Seminar kommen, dieses ehrliche Hinschauen, es öffnet einem die Augen. Und das, was der eine oder andere von uns dann sieht, das ist definitiv nicht angenehm. Auf der anderen Seite wird das fortgesetzte Lügen ausgesprochen viel Energie rauben und es ist anstrengend. Menschen, die andere übervorteilen und belügen, müssen ständig darüber nachdenken, wem sie welche Lüge erzählt haben, mit wem sie ehrlich geredet haben, wer etwas über sie weiß, was sonst niemand wissen darf und so weiter.

Wer niemanden übervorteilt, niemanden anlügt und immer ehrlich ist, der lebt nämlich erheblich einfacher, weil er sich an nichts erinnern muss außer an das, was er wirklich erlebt hat. Das bedeutet ja immer noch nicht, dass dieser Mensch immer die Wahrheit für sich gepachtet hat, denn jeder von uns lebt in seinem eigenen Modell der Welt und kann sich auch einmal irren. Darum geht es hier nicht. Es geht darum, sehr bewusst immer für alle Beteiligten das Beste zu wollen und sich darum zu bemühen, dies auch zu erreichen. Mag sein, dass es tatsächlich ein Karma gibt, dass es eines Tages eine Abrechnung gibt im Himmel beim lieben Gott und dass der eine oder andere von uns dann in die Hölle kommt. Viel naheliegender scheint mir allerdings zu sein, dass die Menschen, die lügen, tarnen, tricksen und täuschen, sich selbst die Hölle auf Erden bereiten. Egal, wie sehr sie sich anstrengen, diese Menschen werden nicht auf Dauer Glücksgefühle empfinden können. Sie werden nie wirklich stolz sein auf ihre Leistung, denn das geht mit tarnen, tricksen, täuschen und lügen nicht.

7. Verantwortung und Schuld

Neben dem Elternhaus und in der Schule gehört zweifellos die Kirche auch zu den Systemen, die uns in diesem Leben am meisten beeinflussen. Selbst diejenigen unter uns, die ohne eine spezielle Religion groß geworden sind und deren Eltern nicht Mitglied einer Kirchengemeinschaft waren, dürfen wohl zur Kenntnis nehmen, dass unsere Gesellschaft durch das Christentum in den vergangenen 2000 Jahren deutlich geprägt worden ist. Unsere Gesellschaft hat christliche Werte und diese christlichen Werte und auch Lebensvorstellungen beziehungsweise – wie ich es sagen würde – Modelle von Welt prägen jeden Einzelnen von uns, ob wir das nun wollen oder nicht.

Deswegen ist es wichtig, sich auf dem Weg zu einem selbstbestimmten Leben auch dieses Modell einfach mal genauer anzuschauen. Immerhin ist die Kirche das älteste und finanziell erfolgreichste Unternehmen der Welt, so wie wir sie kennen. Selbst heute noch sind Kindergärten und Schulen in Deutschland durch die Kirche geprägt oder sogar fest in kirchlicher Hand, sodass sich das christliche Weltbild auch weiterhin als Basis unserer Gesellschaft darstellt.

Das christliche Weltbild beeinflusst wohl jeden von uns

Ich möchte das an dieser Stelle gar nicht bewerten, es ist mir vollkommen egal, ob das positiv oder negativ ist. Mich treibt schließlich eine andere Frage um: Wenn ich in dem Modell des christlichen Weltbildes lebe, wie behindert das eventuell meine Möglichkeit, mein Leben positiv zu verändern und im Alltag möglichst alles mit einem guten Gefühl und für ein positives Ziel zu tun?

Schuldvermeidung bringt Motivation

Um die Menschen dahin zu bringen, sich so zu verhalten, wie die Kirche es über die Jahrhunderte hinweg haben wollte, wurde vor allen Dingen mit der Angst der Menschen gespielt. Und die Kirche hat das noch viel erfolgreicher gemacht, als die Schule es jemals schaffen konnte. Denn die Schule hat ja (nur) die Angst vor der nächsten Klassenarbeit geschürt, bestenfalls die Angst vor einer schlechten Note auf dem nächsten Zeugnis. Die Konsequenzen waren also im weitesten Sinne überschaubar und der Schüler, der sich intensiver mit dem System auseinandergesetzt hat, hat eben in dem einen oder anderen Fall überlegt, ob eine mangelhafte Bewertung etwa im Fach Geschichte wirklich so katastrophale Auswirkungen auf sein Leben haben würde. Nicht wenige Schüler haben insbesondere in einem solchen Nebenfach eine mangelhafte Bewertung einfach in Kauf genommen, weil sie im großen Ganzen praktisch keine Bedeutung hatte.

Die Kirche hat hingegen über die Jahrhunderte hinweg und bis heute noch mit einer höheren Macht gedroht, einem angeblich lieben Gott, der dann aber am Ende gar nicht mehr so lieb sein würde, wenn wir uns nicht an seine Regeln halten, die er uns in Form der Zehn Gebote mitgegeben hat.

Letztlich ist diese Drohung genial, denn sie lässt sich nicht überprüfen, solange wir hier auf der Erde leben. Und vor diesem Hintergrund ist es auch ausgesprochen geschickt, die Strafe dann direkt mit der Ewigkeit zu verknüpfen. Wenn wir als Menschen Fehler machen und gegen die Gebote verstoßen, dann schmoren wir gleich für immer in der Hölle, eben für eine Ewigkeit. Der liebe Gott scheint überhaupt kein Strafmaß zu kennen, es scheint vollkommen egal zu sein, gegen welches Gebot ich verstoßen habe und wie intensiv meine Verstöße waren. Einen Menschen umzubringen ist genauso schlimm, als wenn ich 100.000 Menschen umbringen würde. Aus kirchlicher Sicht ist das Strafmaß identisch, Hölle ist Hölle.

Schuld muss man möglichst vermeiden

Ich möchte das nun gar nicht weiter kommentieren, denn es steht jedem von uns zu, sich dazu seine eigenen Gedanken zu machen und sein eigenes Fazit zu ziehen. Festhalten lässt sich allerdings, dass der Begriff der Schuld in der Kirche eine wichtige Rolle spielt. Vielleicht ist es nur der Auslöser dafür geworden, dass in unserer Gesellschaft niemand mehr schuldig sein möchte. Wenn ich hier von ‚Schuld' rede, dann geht es mir im Übrigen gar nicht um Straftaten im großen Stil, es geht um das alltägliche Leben, die Erziehung der Kinder, das Verhalten in der Partnerschaft oder den Umgang der Menschen miteinander innerhalb einer Familie. Ich erlebe ganz viele Menschen dabei, dass sie es so gut wie möglich und zum Teil mit relativ großem Aufwand vermeiden, sich schuldig zu fühlen.

Das lässt sich übrigens auch gut bei einem Streit in der Partnerschaft oder bei einem Konflikt im Unternehmen überprüfen. Wie oft sagt oder denkt der eine oder andere von uns dann: „Ich habe doch gar nichts falsch gemacht. Was wirfst du mir eigentlich genau vor?" Wir weisen mit solchen Sätzen die Schuld von uns, wollen einfach nicht schuldig sein. Auch das Unterlassen einer Handlung kann ja falsch sein, aber dann kann der andere uns meist nichts nachweisen, wir können nicht schuldig sein, wenn wir nichts ‚Böses' getan haben, was immer dieses Böse sein soll. Das kann einem hier und da nutzen, im richtigen Leben ist es eine ungeeignete Herangehensweise, die Schuld möglichst zu vermeiden. Es ist so ähnlich wie oben bei dem Vermeiden von Fehlern, denn wer immer nur Schuld vermeidet, hat zwar keine oder kaum Schuld, sein Leben wird allerdings auch äußerst unattraktiv sein.

Die Eltern anrufen ...

So höre ich zum Beispiel von vielen Teilnehmern, mehr von den Frauen als von den Männern übrigens, dass sie regelmäßig mit ihren Eltern telefonieren. Insbesondere die Mütter scheinen darauf zu bestehen, dass sich die Kinder regelmäßig bei ihnen melden, und falls sie das nicht tun, wird mit kleinen Psychotricks versucht, ihnen Schuldgefühle zu machen. Das fängt dann schon beim Melden am Telefon an, etwa mit „Ach, meldest du dich auch noch bei mir" oder „Ich habe schon gedacht, dir sei etwas passiert, so lange wie du dich nicht gemeldet hast."

Schon ein bisschen deutlicher wird die Manipulation mit Sätzen wie „Ich habe zeitlebens alles für dich gegeben, da wird es ja wohl nicht zu viel verlangt sein, dass du dich mal nach meinem Wohlergehen erkundigst." Oder der Vater wird vorgeschickt und er richtet der Tochter oder dem Sohn aus: „Deine Mutter könntest du ja ruhig auch mal wieder anrufen, sie würde sich das so sehr wünschen." Es ist offen gestanden haarsträubend, was Teilnehmer mir in diesem Zusammenhang aus ihrem Alltag so alles berichten.

Diese Mütter wenden also einfach nur ein Verfahren an, dass die Kirche im Lauf ihrer 2000-jährigen Geschichte schon perfektioniert hat. Und ganz viele Teilnehmer geben dem Druck nach und melden sich regelmäßig bei ihren Eltern, damit diese keine Veranlassung haben, ihnen Vorwürfe zu machen. Das kann natürlich jeder so halten, wie er möchte, und wenn die Eltern eh davon überzeugt sind, dass niemand sie wirklich liebt, dann spielt es auch keine Rolle mehr, dass sie ihre Kinder um diese Liebesbeweise erpressen. Die Folge, und das sei hier nur am Rande erwähnt, ist leider, dass sich die Eltern noch weniger geliebt fühlen, denn wenn sich die Kinder nach solchen Erpressungsversuchen melden oder zu Besuch kommen, kann schließlich niemand mehr genau wissen, ob das nun aus freien Stücken geschieht oder doch nur, weil die Erpressung so gut funktioniert hat.

Aus meiner Perspektive und als Vater von zwei Töchtern finde ich das mehr als bedenklich und ich habe meinen Kindern eingeprägt, dass sie mich bitte niemals anrufen sollen, wenn sie damit ihr schlechtes Gewissen überwinden möchten. Im Gegenteil wünsche ich mir nur, dass sie sich bei mir melden, wenn sie wirklich ein Interesse daran haben, mit mir in Kontakt zu sein.

Das umfasst übrigens auch das Gratulieren zum Geburtstag oder eine Nachricht zu Weihnachten. Mir ist es ausgesprochen wichtig, dass der Kontakt meiner Kinder mit mir freiwillig erfolgt, aus Liebe und Zuneigung und nicht etwa deshalb, weil sie vor meiner Reaktion Angst haben könnten. Auch das gehört für mich zum Thema Ehrlichkeit.

Nur weil es funktioniert, ist es noch nicht gut

Es ist doch keine Frage, anderen Menschen Schuldgefühle zu machen, um sie ins Handeln zu bringen. Das ist meiner Meinung nach eben genau der christliche Hintergrund, in dem wir groß geworden sind. Aber dass es funktioniert, andere zu erpressen, kann doch nicht wirklich ein Argument dafür sein, dies auch wirklich zu tun. Ich weiß schon, meine Formulierung ist sehr hart: Anderen Schuldgefühle zu machen, ist für mich eine Form der Erpressung! Und ich möchte nicht erpresst werden und ich möchte auch niemanden erpressen, weil ich wiederum nicht glaube, dass mir das hilft, ein glücklicher Mensch zu sein.

Natürlich ist das auch wieder eine Stelle, die sehr viel damit zu tun hat, dass man sein eigenes Verhalten reflektiert, sehr genau hinfühlt, hinschaut und überprüft, wie man sich anderen Menschen gegenüber verhält. Oft genug genügt ja ein einziger vorwurfsvoller Blick, um einen anderen Menschen dazu zu bringen, dass er sich in gewünschter Art und Weise verhält. Es ist sozusagen ausgesprochen einfach, einen anderen Menschen zu einem bestimmten Verhalten zu erpressen, ihn unter Druck zu setzen. Und es kommt noch schlimmer: Viele von uns haben sogar einen vorauseilenden Gehorsam, sie erahnen sozusagen oder meinen zumindest erahnen zu können, was sich ein anderer wünschen würde. Und noch bevor dieser andere Mensch den Wunsch ausgesprochen hat, wird das entsprechende Verhalten gezeigt.

Partnerschaft und Kindererziehung

Auch in ihrer Partnerschaft sind die meisten Menschen dazu übergegangen, sich einfach nur noch gegenseitig zu erpressen und notfalls mit Schuldgefühlen wieder in die gewünschten Bahnen zu lenken. Für mich hat das mit Liebe nichts zu tun! Das ändert jedoch nichts daran, dass dieses Verhalten weit verbreitet ist, auch gerade bei Menschen, die in einer Partnerschaft leben. Ich bin immer wieder erstaunt, Paare zu besuchen, die sich selbst dann gegenseitig erpressen und Vorwürfe machen, wenn andere Menschen im Raum sind, so, als sei das gar nicht verwerflich, sondern vollkommen normal.

Viele von uns haben auch als Kinder die eine oder andere Art der Erpressung erfahren. Wenn wir zum Beispiel unser Zimmer nicht aufgeräumt haben und die Eltern uns dazu bringen wollten, dies zu tun, dann wurde entweder eine Belohnung versprochen oder die Eltern haben gedroht. Es ist also wichtig, sich auf dem Weg zum eigenen Glück die Frage zu stellen, welche Dinge ich heute als erwachsener Mensch tue, weil ich auf die eine oder andere Weise erpresst werde oder zumindest halluziniere, dass ich erpresst werden könnte, wenn ich es nicht tue. In einem nächsten Schritt darf ich mir dann bewusst darüber werden, ob diese Erpressung real ist, ob ich schon einmal getestet habe, dass der andere Mensch mich wirklich erpresst, oder ob ich mir das einfach nur eingebildet habe.

Zeit für ein Gespräch

Für diejenigen unter uns, die in einer festen Partnerschaft leben, könnte es jetzt Zeit sein für ein längeres Gespräch mit der Partnerin oder dem Partner. Denn ich bin der Meinung, dass es sehr wichtig ist, schon die ersten Tendenzen einer Erpressung mit Schuldgefühlen zu enttarnen, dies miteinander zu besprechen und auch ganz offen zuzugeben, an welchen Stellen man sich selbst vielleicht schuldig fühlt. Ich selbst habe in meinen Ehen erlebt, dass sich meine Partnerinnen schuldig gefühlt haben und dass ich selbst auch ganz viele Dinge nur deshalb getan habe, um Schuldgefühle zu vermeiden.

Meine gesamte Kindheit handelte im Wesentlichen davon, nicht schuldig zu sein und meinen Eltern keine Angriffsfläche für Vorwürfe zu bieten. Insofern kann ich mein eigenes Verhalten im Nachhinein sehr gut erklären und verstehen, was jedoch nichts daran ändert, dass ich keine Lust mehr habe, auch nur mit einem einzigen Menschen in Kontakt zu bleiben, weil ich mich ansonsten schuldig fühlen würde. Ich bin da im Lauf der Jahre sehr sensibel geworden.

Für mich ist die Erpressung mit Schuldgefühlen ein Garant dafür, dass eine Partnerschaft oder Freundschaft zum Scheitern verurteilt ist. Es ist keine Frage, dass viele Paare zusammenbleiben, obwohl sie sich seit vielen Jahren nur deshalb nicht trennen, weil der eine oder andere oder sie sich vielleicht sogar beide schuldig fühlen würden. Ganz viele Teilnehmer trennen sich zum Beispiel nur deshalb nicht, weil die Kinder angeblich noch zu klein dafür sind. Sie vermeiden die Schuldgefühle, sie vermeiden, dass die Kinder ihnen eines Tages vorwerfen könnten, Scheidungskinder zu sein, deren Leben allein schon deshalb nicht funktionieren kann, weil sich die Eltern eben getrennt haben. Doch auch das kann niemals ein Argument sein zusammen zu bleiben – zumindest in meiner kleinen Welt nicht.

Mit Bewusstheit neue Wege finden

Auf der anderen Seite liegt auch eine Menge Hoffnung in diesem Thema: Wenn jemand im Gespräch mit seiner Partnerin oder seinem Partner herausfindet, dass sich Schuldgefühle in der Beziehung sozusagen breitgemacht haben, dann kann das der Auftakt zu einer neuen Ebene in der Partnerschaft sein.

Denn es ist dann Zeit, jetzt ehrlich miteinander zu sprechen und herauszufinden, wie das Verhalten verändert werden kann. Ich bin grundsätzlich ein großer Freund davon, vor allen Dingen auch in Liebesbeziehungen ehrlich miteinander zu sprechen und die eigenen Befindlichkeiten zu äußern.

Noch einmal ganz deutlich: Die meisten von uns sind in einer Umgebung aufgewachsen, in der wir mit Schuldgefühlen motiviert worden sind. Wenn wir diese unterbewussten Strategien heute als erwachsene Menschen nicht bewusst ändern und durch neue, bessere, positive und liebevolle Strategien ersetzen, dann werden wir in unseren engen Beziehungen zu anderen Menschen immer wieder mit Schuldgefühlen arbeiten beziehungsweise uns durch Schuldgefühle motivieren lassen. Das Gehirn macht schließlich immer das weiter, was es schon kennt. Es verändert sich nicht von sich aus, weil es dazu gar keine Veranlassung hat. Die Erpressung funktioniert doch, das ist ja das Schlimme daran!

Mit der eigenen Partnerin oder dem eigenen Partner zu einer neuen Vereinbarung zu kommen, kann bedeuten, ab sofort jede gefühlte Erpressung aufzudecken und miteinander bewusst daran zu arbeiten, diese zu vermeiden. Oft genug kann sich dann im Alltag herausstellen, dass eine bestimmte Aussage oder eine bestimmte Verhaltensweise gar nicht erpresserisch gemeint war. Doch auch das lässt sich nur durch ein offenes Gespräch klären. Wehret den Anfängen ist auch in Sachen Schuld zweifelsohne die beste Methode.

Ganz viele Paare gehen diesen Weg der bewussten Kommunikation miteinander und können nach dem Besuch meiner Seminare zum ersten Mal richtig offen über solche Themen reden. Das könnte man jetzt als schlimm empfinden, doch es ist die Realität. Viele haben eben in ihrem Elternhaus nie gelernt, sich wirklich zu öffnen, Themen anzusprechen und gemeinsam Lösungen zu finden. Streiten können viele Paare, da knallen Türen, jeder zieht sich zurück, dann gibt einer nach, einer oder beide entschuldigen sich und dann geht es weiter wie bisher. Auch an dieser Stelle dürfen wir – etwa durch geeignete Seminare – lernen, wie wir uns neu und anders verhalten können. Es bedarf der Übung und des gemeinsamen Willens, die Partnerschaft schön zu gestalten. Offene Gespräche sind die Basis dafür.

Alles für die Kinder zu tun ist keine gute Idee

Eine weitere erfolgreiche Methode, sich selbst und das eigene Leben zu kurz kommen zu lassen, ist es, alles für die eigenen Kinder zu tun, ihnen jeden Wunsch von den Augen abzulesen und am besten schon zu agieren, bevor die Kinder den Wunsch ausgesprochen haben. Ich beobachte dieses Verhalten bei vielen Menschen in der heutigen Zeit und auch viele meiner Teilnehmer berichten von diesem Verhalten. Ich habe mich dann vor wenigen Wochen zum Beispiel daran erinnert, wie das mit dem Lieblingsessen meiner Kindheit war.

Wenn ich mich recht erinnere, dann hat meine Mutter uns einmal in der Woche oder sogar nur alle 14 Tage erlaubt, eine Mahlzeit zu bestimmen. Meist haben meine Schwester und ich uns dann Apfelpfannkuchen gewünscht, weil wir die wirklich geliebt haben. Auf diese Tage, an denen es unser Lieblingsessen gab, haben wir uns immer sehr gefreut, sie waren besonders. Ich erinnere mich schließlich bis heute gerne daran und ich habe den Geschmack gleich auf der Zunge, obwohl ich seit vielen Jahren keinen guten Apfelpfannkuchen mehr gegessen habe.

Manche essen nur Pommes und Pizza

Viele Eltern machen das heute vollkommen anders, sie kochen ihren Kindern einfach immer ihr Lieblingsgericht. Wenn die Kinder das nicht mögen, was auf den Tisch kommt, dann wird einfach extra gekocht. Manche Kinder ernähren sich bis zum 15. Lebensjahr oder noch länger ausschließlich von Pommes frites und Pizza. Der Hintergrund ist auch hier meiner Meinung nach das Vermeiden von Schuldgefühlen und Konflikten. Denn wenn die Kinder immer das bekommen, was sie sich wünschen, dann haben sie ja keinen Grund, den Eltern Schuldgefühle zu machen.

Wer ein bisschen aufmerksam ist, erkennt natürlich sofort, dass die langfristigen Schäden aus diesem Verhalten dramatisch sein werden. Denn ein Mensch, der in dieser Weise groß geworden ist, wird später zum Beispiel in einer Partnerschaft niemals akzeptieren können, dass der Partner nicht bereit ist, die eigenen Wünsche zu erfüllen. Diese Menschen werden inkompatibel sein zu Partnerschaften, weil sie nie gelernt haben, sich auch mal nach anderen Menschen zu richten.

... steht dem eigenen Glück auch im Weg

Was allerdings noch viel dramatischer ist an diesem Verhalten, ist, dass den Kindern demonstriert wird, dass die Eltern sich immer zurückstellen und zurücknehmen müssen, um die Wünsche der Kinder zu erfüllen. Das wird auch von vielen Eltern gar nicht mehr infrage gestellt. Selbstverständlich ist das allerdings ein Glückskiller, denn wenn ich meine eigenen Wünsche für einen anderen Menschen, notfalls meine eigenen Kinder, immer zurückstelle, dann werde ich auch absehbar zumindest die 20 Jahre, in denen die Kinder typischerweise in meinem Umfeld leben, immer zu kurz kommen.

Das wird auch bedeuten, dass die Kinder ihre eigenen Eltern unglücklich erleben, auch wenn das bedeutet, dass sie selbst davon profitieren. Der Kinderarzt, zu den ich mit meinen eigenen Kindern seinerzeit gegangen bin, hatte einen wichtigen Hinweis für mich: „Kinder geraten selten nach anderen Leuten." Ich habe im Lauf der Zeit herausgefunden, dass dies eine wirklich große Lebensweisheit ist.

Wenn wir uns also als Eltern immer zurückstellen und den Wünschen unserer Kinder immer nachgeben, dann steigt die Wahrscheinlichkeit, dass unsere eigenen Kinder eines Tages genau dasselbe tun, sobald sie selbst Eltern geworden sind. Es endet also auf jeden Fall in einer Tragödie, denn entweder werden die so erzogenen Kinder zu unglaublichen Tyrannen, denen sich alle anderen unterordnen müssen, wozu die anderen Menschen keine Lust haben werden, oder sie werden jämmerliche Sklaven ihrer eigenen Kinder, denen sie dann eben jeden Wunsch von den Augen ablesen müssen. Ich halte das nicht für sinnvoll, weder in der einen noch in der anderen Ausprägung.

Kompromisse müssen gelernt sein

Für mich ist das auch ein typisches Beispiel dafür, dass wir neue Fähigkeiten brauchen und auch neue Vereinbarungen innerhalb der Gemeinschaften, in denen wir zusammenleben. Denn natürlich lässt sich ganz allgemein feststellen, dass menschliches Zusammenleben ohne Kompromisse sicherlich nicht so einfach funktionieren kann. Wir brauchen Kompromisse, wir müssen nachgeben, dürfen die Wünsche der anderen Menschen situativ berücksichtigen und aufeinander eingehen lernen. Daran habe ich keine Zweifel. Natürlich können wir alternativ auch alleine leben, es gibt Supermärkte und Altenheime, was für die meisten von uns bedeutet, dass wir alleine klarkommen und dass wir niemand anderen brauchen, um zu überleben.

Insofern habe ich keine einfache Antwort dafür, ob ein Kompromiss, den ich zum Beispiel mit einer Partnerin oder einem Partner beziehungsweise mit meinem Kind treffe, noch ein gesunder Kompromiss ist oder eben nicht. Das ist sicherlich individuell verschieden und ich kann an dieser Stelle nur darauf hinweisen, dass wir sehr vorsichtig damit umgehen dürfen, in welcher Art und Weise wir diese Kompromisse eingehen. Mindestens das Gespräch darüber zu führen, ist in einer Partnerschaft aus meiner Sicht überlebensnotwendig.

Ich kann für mich selbst sagen, dass ich insbesondere in meinen bisherigen Partnerschaften viel zu leicht nachgegeben habe. Immer war ich gerne bereit, mich für meine Partnerin zu verbiegen, ihr jeden Wunsch von den Augen abzulesen und damit der bestmögliche Partner an ihrer Seite zu sein.

Ob mir selbst das jeweilige Verhalten gefallen hat, ob ich wirklich dahin in Urlaub fahren wollte, ob ich in einem bestimmten Haus leben wollte, all diese Fragen habe ich zurückgestellt, zur Seite geschoben, wenn meine Partnerinnen nur deutlich genug signalisiert haben, dass es ihr Wunsch ist.

Mir ist dann logischerweise immer dasselbe passiert: Ich bin nach einigen Jahren in diesen Partnerschaften aufgewacht und habe festgestellt, dass mir das ganze Leben überhaupt nicht mehr gefiel. Meine Wünsche wurden nicht berücksichtigt, sie fanden nicht statt und es ging im Wesentlichen immer nur um das, was meine Partnerinnen wollten und was ihnen gefiel. Wenn mir das bewusst wurde und ich darauf hingewiesen habe, dass ich auch gerne hätte, dass meine Wünsche in der Partnerschaft berücksichtigt werden, dann war das typischerweise auch immer gleich das Ende der jeweiligen Beziehung.

Verantwortung zu übernehmen bedeutet schuldig zu sein

Es gibt noch einen weiteren Aspekt, auf den ich an dieser Stelle zu sprechen kommen möchte. Es geht um die Frage, wie sehr wir in unserem Leben bereit sind, Verantwortung zu tragen oder zu übernehmen, je nachdem, welche Formulierung für uns besser taugt. Ganz viele Menschen scheuen davor zurück, in ihrem Leben Verantwortung zu übernehmen, ganz egal, ob es dabei um berufliche oder um private Themen geht. Manche Menschen haben sogar so schlechte Entscheidungsstrategien, dass sie in ihrem Leben praktisch gar keine Entscheidungen mehr treffen, um nicht verantwortlich zu sein und damit eben wiederum Schuld zu vermeiden.

Ich glaube, dass auch dieser Zusammenhang eng mit dem Christentum verknüpft ist, Verantwortung zu übernehmen bedeutet dann gleichzeitig, dass man eines Tages dafür schuldig gesprochen werden kann oder dass man eben Schuld auf sich geladen hat. Heute gibt es zum Beispiel für Manager Kommunikationsseminare, bei denen diese lernen, so geschickt vage und unklar zu kommunizieren, dass ihnen im Nachhinein kein Mitarbeiter und auch kein Vorgesetzter nachweisen kann, dass sie die Verantwortung für eine Entscheidung tragen müssen. Als ich das zum ersten Mal gehört habe, war ich sehr erstaunt.

Ich bin Zeit meines Lebens selbstständig gewesen und habe meine eigenen Unternehmen gehabt, denn es fällt mir leicht, die Verantwortung zu übernehmen, auch wenn das in dem einen oder anderen Fall bedeutet hat, dass ich echte Böcke geschossen habe und wirkliche Fehler gemacht habe, für die ich ganz alleine verantwortlich bin. Vor diesem Hintergrund konnte ich es mir gar nicht vorstellen, dass ein Manager lernen wollen würde, absichtlich nicht die Verantwortung übernehmen zu müssen.

Schule bereitet Menschen auf die Arbeit in großen Unternehmen vor

Doch wer sich intensiver mit größeren Organisationen beschäftigt, der versteht die Zusammenhänge und auch die Motivation dahinter. Derjenige, der die Verantwortung übernimmt, wird häufig genug in dem Fall, dass etwas schief geht, seinen Job verlieren oder mit anderen ernsthaften Konsequenzen rechnen müssen. Das erinnert natürlich wieder an das Thema tarnen, tricksen und täuschen, das ich oben schon ausführlich behandelt habe, denn oft genug funktionieren große Unternehmen genauso wie die Schule. Man könnte das auch anders formulieren: Die Schule bereitet uns Menschen optimal darauf vor, in einem großen Unternehmen oder sogar in einem Konzern exzellent als Mitarbeiter zu funktionieren. Tatsächlich war das seinerzeit, als die Schulen gegründet wurden, die Hauptmotivation. Das Ergebnis der schulischen Laufbahn sollte sein, dass willige, billige Arbeitskräfte für die Industrie zur Verfügung standen. Heute werden also sozusagen durch die Schule willige, billige Arbeitskräfte für Konzerne und andere große Unternehmen vorbereitet.

Lernen, verantwortlich zu sein

Um ein glückliches, selbstbestimmtes und freies Leben zu leben, ist es also eine ganz wichtige Fähigkeit, die Verantwortung für das eigene Handeln zu übernehmen und gegebenenfalls damit auch in Kauf zu nehmen, sich irgendwann einmal schuldig zu fühlen. Letztlich ist das Verhalten der allermeisten Menschen in Sachen Verantwortung und Schuld sehr gut vergleichbar mit dem Verhalten, das diese Menschen bei Angst zeigen. Denn so, wie diese Menschen Situationen vermeiden, die in ihnen ängstliche Gefühle auslösen könnten, so vermeiden sie eben auch Situationen, in denen sie die Verantwortung tragen müssten oder könnten, um dann später nicht schuld zu sein.

Für das eigene Glück ist es in jedem Fall entscheidend zu lernen, die Verantwortung für jede einzelne Entscheidung, ja für jede Lebenssituation zu übernehmen. Das scheint auf den ersten Blick für jemanden, der davon heute zum ersten Mal hört, sicherlich unsinnig und sogar überzogen zu sein.

Doch ich meine das sehr ernst: Wir alle dürfen lernen, dass wir unser Leben im Griff haben, dass wir für unser eigenes Glück verantwortlich sind und dass wir nur dann glücklich sein können, wenn wir gleichzeitig bereit sind, die gesamte Verantwortung für unser Handeln zu übernehmen. Solange wir anderen Menschen die Schuld geben, bleiben wir Opfer der Umstände. Und ein Opfer wird logischerweise niemals in der Lage sein, wirklich dauerhaft glücklich zu werden, einfach weil ja eben *per definitionem* einem Opfer immer wieder etwas passieren kann, was das Glück zerstört.

Wir wollen wirksam sein

Ich beschreibe das gerne mit dem Satz oder der Erkenntnis: Ich möchte wirksam sein in meinem Leben und das kann ich nur, wenn ich für das Ergebnis meines Handelns verantwortlich bin. Was bedeutet das für mich? – diese Frage darf sich wohl jeder Mensch stellen. Für mich persönlich kann ich sagen, dass ich gerne mit meinem Leben einen Unterschied für die Welt machen möchte. Ich habe das einmal so formuliert:

Wenn sich durch mein Leben das Leben eines anderen Menschen zum Besseren verändert hat, dann hat sich mein Leben gelohnt.

Das ist meine geradezu heilige Mission, der ich nun schon seit über 30 Jahren konsequent folge an jedem einzelnen Tag. Wann immer ich jemanden aufmuntern kann, werde ich das machen. Wann immer ich mit einer Bemerkung, einer Handlung, einem Text, einer Podcastfolge, einem Seminar oder einer anderen Tätigkeit ein Katalysator für das Wachstum eines anderen Menschen sein kann, dann mache ich das gerne. Es ist meine Motivation im Leben, dafür brenne ich.

Jeder darf sein perfekten Einsatzort finden

Wie wäre es also, dieser Idee ein bisschen zu folgen und zu überprüfen, an welchen Stellen ich wirksam sein kann? Nehmen wir an, dass jeder von uns wirken möchte. Dann ließen sich aus diesem Ziel auch Erkenntnisse ableiten, wie ich wirken möchte. Ein Mensch, der zum Spielball seiner Kinder oder des Partners wird, der wirkt nicht selbst aus sich heraus. Er entwickelt auch seine Fähigkeiten nicht weiter, um wirksamer zu werden. Wer sich bisher mit tarnen, tricksen und täuschen durchs Leben mogelt, der ist nicht in diesem Sinne wirksam.

Vielleicht kommt daher das Gefühl der inneren Leere, das Menschen empfinden. Auch die alltägliche Unzufriedenheit lässt sich mit diesem neuen Fokus leichter überwinden: Wie kann ich gleich hier und jetzt wirksamer sein für andere, als ich es jetzt gerade bin? Da fällt doch jedem etwas ein, oder? Ich möchte das zumindest mal als ein Modell mit auf die Reise geben und wie immer gilt auch hier, dass es natürlich nur Marcs kleine Welt ist, eben meine ganz persönliche Meinung.

8. Ein rundherum schönes und erfolgreiches Leben

Wir sind ganz normale Menschen und das bedeutet eben vor allen Dingen auch, dass wir lernen dürfen, unsere Schwächen zuzugeben und mit unseren Unsicherheiten umzugehen. Ich möchte behaupten, dass dies die wichtigste Fähigkeit ist, die wir lernen dürfen. Wenn wir unsere Schwäche zugeben, ja, dann kann es sein, dass andere Menschen über uns lachen, hinter unserem Rücken über uns reden, uns für doof halten, für ein bisschen blöd, für nicht ganz so helle im Kopf. Doch ich kann aus meinem eigenen Leben berichten, dass es für mich der größte Schritt in Richtung der persönlichen Freiheit und des Glücks gewesen ist, ganz offen zuzugeben, wenn ich etwas nicht verstehe. Gleichzeitig darf ich dann das Richtige lernen, was mich wirklich voranbringt in meinem Leben.

Wer also nicht gut küssen kann oder verstanden hat, dass er es üben darf, der sollte jetzt mit seiner Partnerin oder seinem Partner sprechen. Oder vielleicht ist der eine oder andere einfach nur eine Niete im Bett. Das kann doch sein und es ist doch nicht schlimm. Die meisten Paare haben beim Sex keine schöne Zeit, langweilen sich gegenseitig mit den immer gleichen Abläufen oder haben einfach nur viel zu viel Angst, etwas Neues auszuprobieren.

Der Fehler ist nie, dass wir etwas nicht können. Der Fehler ist, wenn wir uns – aus welchen Gründen auch immer – weigern, etwas zu üben, zu lernen und nicht bereit sind, auf dieser Reise Fehler zu machen. Oder wenn wir uns weigern, uns die eigene Schwäche einzugestehen, weil wir uns so klein und hilflos fühlen. Beide Verhaltensweisen werden niemals zu einem selbstbestimmten, schönen Leben führen, davon bin ich absolut überzeugt.

Das Falsche üben

Dann dürfen wir hinschauen und gut überlegen, wie wir die neuen Fähigkeiten lernen können und wie wir das Richtige üben. Mir fällt das zum Beispiel bei Menschen auf, die Single sind. Sie verwenden wirklich viel Zeit darauf zu lernen, wie man jemanden erstmalig irgendwo trifft, in Kontakt kommt, die entsprechenden Plattformen nutzt, eine erstes Date geschickt durchführt und so weiter. Doch das ist in meiner Welt nicht die Fähigkeit, auf die es ankommt. Viel wichtiger, vermutlich im Verhältnis 100.000 zu 1, wäre es doch, dass Singles lernen, darüber nachdenken, lesen und üben, wie man eine liebevolle Beziehung aufrechterhält und wie man lernt, mit einem Menschen, der meist auch noch dem anderen Geschlecht angehört, glücklich zusammenzuleben.

Nur etwas darüber zu lernen, wie ich einen anderen Menschen an mich binden, mit ihm Kinder bekommen und vielleicht heiraten kann, das ist doch nun wirklich nicht das, worum es bei einer liebevollen Beziehung geht. Wir üben die falsche Fähigkeit, wir konzentrieren uns auf die falsche Aufgabe. So kann es dann sein, dass der andere Mensch den Verführungs- und Flirtkünsten erliegt, doch im Alltag einer Beziehung versagen beide Menschen logischerweise kläglich, sie haben sich falsch vorbereitet. Und so wie in diesem Beispiel finde ich viele Menschen schlecht auf das Leben vorbereitet. Wir haben geübt, in der Schule zu funktionieren oder im Elternhaus klarzukommen. Gelernt zu leben haben wir nicht und ich kenne nicht viele, die das den Menschen beibringen können.

Mehr als die Hälfte der Ehen werden geschieden

Es muss die Frage erlaubt sein, warum so viele Ehen geschieden werden und vermutlich ist die Antwort, dass uns einfach die nötigen Fähigkeiten fehlen, um erfolgreich eine liebevolle Beziehung zu gestalten. Es wäre doch gar nicht schlimm, wenn die Paare sich eingestehen würden, dass sie keine Ahnung haben, wie man das macht. Aber es müsste eine Bereitschaft geben, es miteinander zu üben, Fehler zu erkennen, zu besprechen und auszumerzen, immer wieder zu lernen, sich zu öffnen und bis zum letzten Atemzug etwas Neues auszuprobieren. Ich kenne leider nur sehr wenige Menschen, die das können und wollen.

Wer in seinem Job nichts verändert, wird privat auch nicht viel verändern. Was wir alle immer wieder verstehen dürfen, ist, dass sich das menschliche Gehirn nicht gerne verändert. Denn das Gehirn liebt das, was gleich ist. Was ihm allerdings auffällt, das ist das, was anders ist. Insofern ist hoffentlich dieses Buch so anders, wie es meine Seminare und mein Podcast sind, anders als alles, was die Menschen erwarten. Ich bin anders, als die anderen Menschen, und das ist es, was ich Menschen beibringen kann: dass sie wieder ihren eigenen Kompass finden, ihr inneres Gefühl, dem sie wieder lernen dürfen zu vertrauen.

Auf die Stärken konzentrieren

Auch das ist ein Nebeneffekt, wenn wir uns mangelnde Fähigkeiten eingestehen und uns dann daranmachen, diese Fähigkeiten zu üben: Wir werden selbstbewusster in Bezug darauf, dass wir viel mehr lernen können, als wir bisher gedacht haben. Letztlich können wir theoretisch alles lernen, wenn wir nur genug Zeit haben. Beim Küssen und beim Sex macht das sicherlich Sinn, bei vielen anderen Tätigkeiten im Leben ist meine Empfehlung, sich auf die Sachen zu konzentrieren, die uns Spaß machen und leicht fallen. Konkret: Ich arbeite handwerklich lieber mit Holz als mit Metall oder Glas zum Beispiel. Holz ist warm, weich, nach der richtigen Bearbeitung zumindest für mich einfach ein herrlicher Werkstoff. In meiner Freizeit arbeite ich gerne mit Holz, fräse, bohre, schleife und lackiere gerne, all diese Fähigkeiten übe ich und ich werde seit Jahren immer besser darin.

Natürlich mache ich dabei Fehler, schon so manches schöne Holzstück ist am Ende leider im Kamin gelandet, weil ich einen Fehler gemacht habe. Das ist nicht schlimm, an einige dieser Fehler erinnere ich mich sicher für den Rest meines Lebens, ich habe daraus gelernt. Ich kann bei Weitem nicht alles, was ich in diesem Bereich lernen könnte, und für eine Schreinerlehre scheint es aktuell zu wenig Zeit zu geben, da ich meinen aktuellen Beruf so sehr liebe. Doch ich bleibe dran und komme in kleinen Schritten voran. Wieder mal ein Beispiel dafür, dass ich wirksam bin, es entsteht etwas Neues durch meine Arbeit, ich lerne immer weiter, ein schönes, dynamisches Leben, und ich bin stolz darauf, dass ich diese Fähigkeiten aus dem Nichts erworben habe.

So funktioniert Leben für mich, aus Fehlern lernen, Probleme und Hindernisse ansprechen und Lösungen finden, die funktionieren, und immer bereit sein, das eigene Verhalten noch weiter zu verändern und weitere neue Fähigkeiten zu erwerben.

Die richtige Hilfe und Unterstützung finden

Aus all dem, was ich bisher geschrieben habe, leitet sich sicher eine wichtige Frage ab: Gibt es Experten für persönliche Probleme? Landläufig würde man davon ausgehen, dass Gesprächstherapeuten und Psychologen genau die richtigen Ansprechpartner für diese Themen wären. Doch die Erfahrungen – meine eigenen und die anderer Menschen – sprechen dagegen. Es scheint so zu sein, dass viele Psychologen und Gesprächstherapeuten vor allem dafür sorgen, dass die Probleme der Menschen größer werden oder dass sie eben die Menschen einfach nur mit Tabletten versorgen und diese ruhig stellen. Das mag bei dem einen oder anderen Krankheitsbild genau das Richtige sein, doch für uns normale Menschen mit den ganz normalen und alltäglichen Problemen scheint das in aller Regel nicht zu taugen.

Viele Therapeuten sind bis heute der Meinung, dass die sogenannte Einsicht-Therapie ausreichend sei für die Veränderung eines Menschen. Bei der Einsicht-Therapie geht es letztlich genau um dasselbe Thema wie bei meiner Tochter, die vor Pluto Angst hatte. In endlosen Sitzungen, die sich zum großen Teil über Jahre hinziehen, findet der Klient heraus, wie sein Problem entstanden ist. Bei den meisten von uns sind es irgendwelche Themen aus der Kindheit, auf die wir in solchen Therapien stoßen. Das ist ja auch ziemlich logisch, denn wir wurden eben in der Kindheit geprägt. Natürlich gibt es ab und zu mal Erwachsene, bei denen auch schon im fortgeschrittenen Alter noch eine Panik entstehen kann, zum Beispiel dann, wenn sie ein traumatisches Erlebnis haben. Doch in aller Regel stammen die meisten Probleme, die wir haben, und auch die allermeisten seltsamen Verhaltensweisen, die wir zeigen, aus unserer Kindheit.

Einsicht-Therapie bringt nicht viel

Nun ist eben die Hoffnung vieler Therapeuten, dass allein schon das Erkennen des Ursprungs automatisch die Lösung herbeiführen soll. Das ist in den allermeisten Fällen vollkommen unsinnig und gleichzeitig naiv. Das liegt in meinem Modell von Welt daran, dass unser alltägliches Verhalten von unserem Unterbewusstsein bestimmt wird, wir sind auf Autopilot. Ich erkläre das in meinen Seminaren gerne mit dem Modell einer inneren Datenbank. Als kleines Kind sammeln wir in dieser Datenbank jede Menge Informationen, das sind konkrete Filme mit Ton, Gefühle, Geruch und Geschmack, also Eindrücke in allen Sinneskanälen. Alle Situationen, die wir als Kind erleben, werden in dieser Datenbank abgespeichert. Doch nicht nur das, unser Gehirn gibt diesen Filmen auch gleichzeitig noch eine Bedeutung.

So hat eben zum Beispiel das Gehirn meiner Tochter in der Situation „Treffen mit einer Figur, die kein Mensch ist", die ich ziemlich am Anfang des Buches beschrieben habe, die Bedeutung von „gefährlich" zugeordnet und demzufolge reagiert sie für den Rest ihres Lebens mit Angst, sobald sie einen Menschen in einem solchen Kostüm sieht, es sei denn, sie lernt mit geeigneten Methoden die Angst zu überwinden. Die Datenbank ruft dann sozusagen das Treffen mit Pluto ab, und die herausragende Leistung des Gehirns, ich würde sagen des Unterbewusstseins, ist es, dass die Angst generalisiert wurde. Meine Tochter hat nicht einfach nur Angst vor Pluto, sondern ihr Gehirn warnt sie bei jeder verkleideten Figur, die sie in einem solchen Vergnügungspark trifft. Dieser Effekt heißt in der Fachsprache Generalisierung.

Zwei Aspekte scheinen dafür zu sorgen, dass das Gehirn immer dasselbe Verhalten wiederholt: Möglichkeit eins ist, dass das Verhalten im Leben einfach sehr häufig vorkommt. Möglichkeit Nummer zwei ist, und das ist das Beispiel meiner Tochter, bei der eine einzige Situation für die Programmierung des Unterbewusstseins ausreichte, dass extreme Gefühle im Spiel sind, positive wie negative. Damit wird die Datenbank in zukünftigen Situationen aufgrund des Abstraktionsvermögen unseres Gehirns immer wieder an bereits erlebte Situation neu erinnert.

Wenn wir wenig Neues erleben

Diese Erklärung macht auch deutlich, warum vor allen Dingen ältere Menschen in aller Regel sehr wenig flexibel in ihrem Verhalten sind. Am schlimmsten erlebe ich das bei Männern, die zum Beispiel bei Familientreffen oder anderen Anlässen immer wieder dieselben Witze erzählen oder zum 2.000. Mal von einem bestimmten Urlaubserlebnis. Hier passiert in meinem Modell von Welt Folgendes: Egal, was man diesen Menschen erzählt, und egal, was sie in ihrem Alltag erleben, sie machen sozusagen die ganze Zeit eine Datenbankabfrage, ob sie etwas Vergleichbares schon einmal erlebt haben. Und da es im Leben dieser Menschen wenig neue Ereignisse gibt, weil sie zum Beispiel nicht in fremde Länder fahren und sich mit fremden Kulturen auseinandersetzen, gibt es eben auch keine neuen Datenbankeinträge.

Wenn wir also unser Leben verändern, es neu gestalten und richtig glücklich werden wollen, dann führt kein Weg daran vorbei, möglichst viele neue Datenbankeinträge zu erzeugen. Zum einen gibt es dafür konkrete Übungen, die ich den Teilnehmern meiner Seminare beibringe. Zum anderen empfehle ich unbedingt auch, möglichst viele Länder zu besuchen, in denen man noch nicht gewesen ist. Ich weiß schon, das eigene Gehirn mag solche Situationen nicht.

Suppe zum Frühstück — igitt

So geht es mir zum Beispiel bei Besuchen im asiatischen Raum, weil ich dort kein normales Frühstück bekomme, es sei denn, dass ich in einem westlich geprägten Hotel untergekommen bin. Das ist für mein Unterbewusstsein ganz schlimm, denn wir sind eben Gewohnheitstiere. Suppe zum Frühstück? Was soll das denn sein? Die Datenbank wehrt sich, das eigene Unterbewusstsein protestiert. Es lässt Suppe eben nicht als normales Frühstück gelten, weil es das nicht kennt. Doch dann können wir Menschen auch eine andere Erfahrung machen: Wenn wir einige Wochen lang in einem solchen Land verbracht haben und uns an die Suppe gewöhnt haben, sie also ein neuer Datenbankeintrag ist, dann wollen wir vielleicht selbst nach unserer Rückkehr nach Hause eine Suppe zum Frühstück essen.

Flexibel zu sein zahlt sich aus

Je mehr wir Menschen uns also das ganze Leben lang immer wieder in neue Situationen begeben, die wir zuvor noch nie erlebt haben, umso mehr verschiedene Einträge haben wir in unserer Datenbank und umso flexibler werden wir uns verhalten können. Ganz grundsätzlich müssen wir unser Unterbewusstsein eben dazu bringen, dass es versteht, dass neue Verhaltensweisen nicht gefährlich sind und unsere Existenz nicht bedrohen. Um es deutlich zu sagen: Wir sterben nicht, wenn wir eine Suppe zum Frühstück essen. Das mag eben auch etwas sein, das uns vollkommen logisch vorkommt, wenn wir es lesen. Aber genau hier liegt der Unterschied zwischen dem richtig guten Seminar und dem, was der normale Mensch tut beziehungsweise in einem Seminar erlebt.

Echte Flexibilität kommt dadurch, dass wir neue unterbewusste Strategien lernen. Und unterbewusste Strategien lernen wir entweder dadurch, dass wir uns eine Zeit lang neu und anders verhalten, notfalls gezwungenermaßen, weil es in dem Land eben immer nur Suppe zum Frühstück gibt, oder wir lernen diese unterbewusste Strategien dadurch, dass der Trainer Geschichten in geeigneter Art und Weise erzählt, sodass unser Unterbewusstsein in der Lage ist, sich selbst umzuprogrammieren und dadurch neue Verhaltensweisen an den Tag zu legen.

Es würde den Rahmen dieses Buches vollkommen sprengen und auch nicht sinnvoll sein zu beschreiben, wie das genau funktioniert. Dass es funktioniert, habe ich in meinen Trainings in den vergangenen 20 Jahren bewiesen und viele Teilnehmer sind einfach vollkommen erstaunt, dass sie ihr Verhalten verändern, nachdem sie ein Seminar bei mir besucht haben, ohne dass sie genau wissen, woran das liegt. Und das Schöne daran ist, dass man nicht verstehen muss, wie es funktioniert, damit es funktioniert. Das werden die Leser dieses Buches schon dadurch erfahren, dass sie sich im Alltag an das eine oder andere Thema aus diesem Buch oder die eine oder andere Geschichte erinnern und über diese nachdenken und dann ihr Verhalten anpassen.

Ja zur Veränderung sagen

Herkömmliche Therapiemaßnahmen gehen davon aus, dass sich das menschliche Gehirn an eine als gefährlich empfundene Situation gewöhnen kann, wenn wir uns dieser Situation nur lang genug aussetzen. Es ist scheinbar so, als würden die Therapeuten glauben, dass die Nerven eine Art Hornhaut bilden, wenn wir nur lang genug insistieren. Das würde konkret für meine Tochter bedeuten, dass man sie einfach nur zwei oder drei Tage lang mit allen möglichen Disney-Figuren in einem Raum einsperren würde. Die Hoffnung der Therapeuten ist dann, dass die entsprechenden Nerven nicht mehr feuern würden und dass sie keinerlei Angst mehr empfinden würde. Es könnte genauso gut sein, dass ein Therapeut nahelegen würde, sich selbst als Pluto zu verkleiden, damit ihr Unterbewusstsein lernen würde, dass sie selbst jetzt Pluto ist und dass von diesem Pluto auf jeden Fall keinerlei Gefahr ausgeht.

All diese Maßnahmen gehen immer davon aus, dass es sozusagen im System einen logischen Fehler gibt, der überwunden werden muss, damit die Angst verschwindet. Doch das ist genau nicht das, was im Hintergrund einer Angst im Gehirn abläuft. Ich hatte das ja oben schon kurz erwähnt: Angst entsteht dadurch, dass Menschen eine Zukunft planen, die schrecklich ist. Dafür brauchen sie große Filme in ihrem Kopf, und diese Filme müssen typischerweise auch sehr, sehr schnell ablaufen. Wenn man Menschen, die eine solche Phobie haben und überwinden wollen, wirklich helfen möchte, dann muss man ihnen also ein neues Verhalten beibringen. Sie dürfen auf einer unterbewussten (!) Ebene lernen, sich anstelle der negativen Bilder der Zukunft positive Bilder der Zukunft zu machen. Deswegen funktionieren die Methoden so gut, die meine Teilnehmer lernen.

Um es noch einmal ganz deutlich zu sagen: Angst lässt sich nicht dadurch überwinden, dass wir dem Bewusstsein beibringen, logisch über die Angst nachzudenken, um sich dann sicher zu sein, dass die Angst unbegründet ist. Ich erwähne das deshalb hier so ausführlich, weil die allermeisten Menschen der Meinung sind, dass das die Lösung für ihre Ängste ist. Sie ist es nicht! Auch Nasebohren und Nägelkauen sind nicht logisch und ich könnte einem Menschen, der diese schlechte Angewohnheit hat, eine halbe Stunde lang erklären, dass sein Verhalten eklig, kindisch und widerlich ist und dass er es bitte unterlassen möge. Das wird nicht helfen. Sein Unterbewusstsein hat durch entsprechend viele Wiederholungen gelernt, dies einfach zu tun. Deswegen hilft der bewusste Verstand nicht bei der Veränderung dieses Verhaltens, das Unterbewusstsein muss verändert werden, genauer das unterbewusste Verhalten. Denn unterbewusstes Verhalten entzieht sich der Kontrolle des bewussten Verstandes.

Die Sache mit der Sahnetorte

Nehmen wir an, dass ein übergewichtiger Mensch regelmäßig Sahnetorten in seinem Kühlschrank stehen hat. Das können natürlich auch andere Kuchen sein, vielleicht ist es mal eine Sahnetorte, mal ein Apfelkuchen und dann auch mal ein Käsekuchen. Jetzt geht dieser Mensch jeden Tag an seinen Kühlschrank, öffnete ihn und denkt sich: „Ich sollte jetzt kein

Stück Kuchen essen." Doch dann nimmt er sich ein Stück Kuchen und isst es auch sofort auf. Jetzt kann man sich vorstellen, dass das Unterbewusstsein dieses Menschen eine programmierbare Maschine ist und die lernt in diesem Moment etwas sehr Wichtiges. Sie lernt nämlich nicht nur, dass dieser Mensch ein Stück Kuchen isst, obwohl er sich vorgenommen hat, das nicht zu tun.

Das Erstaunliche an unserem menschlichen Unterbewusstsein ist nämlich, dass es die Struktur lernt. Und was ist diese Struktur? Die Struktur ist, dass dieser Mensch mit dem Satz „Ich sollte das jetzt nicht tun" genau ein gegenteiliges Verhalten in Gang setzt. Das Unterbewusstsein dieses Menschen lernt, unmittelbar nach dem Denken eines Satzes, der die beiden entscheidenden Bestandteile „sollte" und „nicht" enthält, genau die Handlung ausgeführt werden soll, die genannt wurde. Dieser Mensch wird immer in gleicher Weise genau die Dinge tun, die er nicht tun sollte. Und sein Gehirn wird tendenziell diesen Prozess sogar so weit automatisieren, dass auch andere Menschen entsprechende Anweisungen mit dieser Formulierung geben können, und das Verhalten des Menschen wäre genau dasselbe. Wenn er also etwa „nicht schneller als 50 km/h fahren sollte", wird er höchstwahrscheinlich genau dies tun, nämlich schneller fahren als die erlaubten 50 km/h.

Der Automatismus hilft in vielen Bereichen

Diese Funktion unseres Gehirns hilft uns im Alltag sehr, sehr viel weiter. Denn diese automatisch ablaufenden Prozesse betreffen nicht nur den Herzschlag, die Atmung, die Verdauung und den Austausch defekter Zellen, sie betreffen auch viele weitere Verhaltensweisen, wie etwa das Gehen und Laufen, die Benutzung einer Treppe, das automatische Zähneputzen oder – nach entsprechender Übung – das Autofahren. Es ist also eine großartige Funktion unseres Gehirns, dass es jede regelmäßig ausgeführte Handlung, die eventuell auch von entsprechenden Gedanken begleitet wird, ganz eigenständig ausführt. Wir Menschen wären ohne die Funktion völlig aufgeschmissen, weil unser bewusster Verstand nicht über die nötigen Kapazitäten verfügt, um das Leben komplett bewusst zu steuern. Die unterbewusste Automatisierung macht das Leben in den meisten Fällen leicht.

Schwarzsehen ist eine erlernte Fähigkeit

Was hat das nun mit erwachsenen Menschen zu tun, die unter Angst oder Depression leiden? Die Antwort ist ganz leicht: Aus welchem Grund auch immer haben sich diese Menschen angewöhnt, eine negative Zukunft zu planen. Vielleicht haben ihnen ihre Eltern dabei auch schon geholfen, indem sie regelmäßig bereits in der Kindheit auf mögliche Gefahren hingewiesen haben.

Ein auf diese Weise trainiertes Kind wird dann zum Beispiel auch als Erwachsener sehr gut in der Lage sein, eine negative Zukunft zu planen, dann Angst vor dieser selbst geplanten Zukunft zu entwickeln und logischerweise einen weniger riskanten Weg zu wählen. Dass allerdings die negative Zukunft nur in ihrem eigenen Kopf stattgefunden hat, das nehmen diese Menschen nicht mehr wahr.

Im Gegenteil werden sie sogar einem Menschen widersprechen, der behauptet, dass das Leben zum größten Teil doch absolut sicher, sehr schön und angenehm ist. Hier geht es dann gar nicht mehr um die statistische Wahrscheinlichkeit eines Problems im Leben, es geht nur noch um einen automatisch ablaufenden Prozess in dem Gehirn dieser Menschen, der mit der Realität nichts mehr zu tun hat und der auch in ihrem Alltag nicht überprüft wird. Wir sind also mit einem Gehirn ausgestattet, das hochleistungsfähig ist und das uns im Alltag gerne bei allem unterstützt, was wir so machen. Der „Unterbewusstsein" genannte Teil des Gehirns – und das ist nicht ein konkreter Bereich im Kopf, sondern eher eine Funktionalität, die ich hier beschreibe – beobachtet ‚seinen' Menschen den ganzen Tag bei jeder Handlung. Sobald der Mensch etwas regelmäßig tut, wird es automatisiert, damit es dann relativ zügig ohne Zutun beziehungsweise Beschäftigung des bewussten Verstandes ablaufen kann. In aller Regel ist das eine gute Funktion, die jede Menge Energie spart. Und da das Gehirn eh einer der größten Energieverbraucher des Körpers ist, kommt dem Energiesparen eine große Bedeutung zu. Das ist zumindest die wissenschaftliche Erklärung dafür, warum so viele sich wiederholende Tätigkeiten automatisiert werden.

Das Unterbewusstsein bewertet nicht

Allerdings automatisiert das Unterbewusstsein auch solche Handlungen und Abläufe, die nicht förderlich sind. Denn es hat keine Bewertungsfunktion in sich, es ist einfach nur wie ein neutraler Computer, ein Roboter, der beobachtet, aus der Beobachtung eine Regelstruktur ableitet und diese dann automatisiert. Wenn jemand jeden Morgen aufwacht und darüber nachdenkt, was heute schiefgehen könnte, wird er schon in wenigen Wochen gar nicht mehr aktiv das Negative planen müssen, sein Unterbewusstsein wird ihn als treuer Diener automatisch jeden Morgen mit schlechten Prognosen versorgen.

Wenn sich jemand abends in der Dämmerung vorstellt, dass er rausgehen und von jemandem überfallen werden könnte, wird er bald gar nicht mehr darüber nachdenken müssen. Das Wort „Dämmerung" oder die Beobachtung, dass es draußen dunkel wird, genügen dann schon, damit sein Gehirn automatisch die negativen Bilder wiederholt, die Angst machen. Das wird dann mit entsprechend Übung und täglicher Wiederholung dafür sorgen, dass dieser Mensch eines Tages absolut davon überzeugt ist, dass er abends nicht mehr rausgehen sollte. Er wird dann auch nicht mehr überprüfen, ob die Gefahr eine echte Basis hat, etwa eine statistische Wahrscheinlichkeit, oder ob jemandem in seinem näheren Bekanntenkreis wirklich schon mal etwas passiert ist. Es wird einfach zu seiner Wahrheit oder wie ich sage zu seinem Modell der Welt.

Ein Coach muss nicht der richtige sein

In der heutigen Zeit werden immer mehr Menschen zum „Coach" ausgebildet. Meiner Meinung nach hängt das damit zusammen, dass die Menschen, die früher für die Probleme der Menschen zuständig waren, also im wesentlichen Ärzte und Pastoren, dieser Aufgabe heutzutage nicht mehr nachkommen können oder wollen.

Es lässt sich einfach nicht viel Geld damit verdienen, wenn man diese Leistungen zum Beispiel mit der Krankenkasse abrechnen möchte. Und eine Reihe von Menschen bezweifeln bei den Pastoren, dass sie für das Leben eines normalen Menschen wirklich taugliche Antworten haben. Ob allerdings ein Coach, der eine wenige Wochen umfassende Ausbildung genossen hat, wirklich dazu in der Lage ist, einem bei seinen Themen zu helfen, das wage ich doch sehr zu bezweifeln.

Bei vielen Themen, bei denen es um die persönliche Veränderung geht, wird gerne der Rat eines Coaches gesucht. Es ist natürlich eine spannende Frage, ob ein Coach wirklich etwas lösen kann, denn viele dieser Coaches verfügen selbst über sehr wenig Lebenserfahrung und haben einfach nur ein paar Coachingwerkzeuge gelernt, die eben mehr oder weniger tauglich sind. Noch wichtiger ist allerdings, dass bei solchen Coachingsitzungen häufig über die Veränderung gesprochen wird und über das, was jemand ändern könnte oder sollte.

Coaching sorgt oft nicht für ein neues Verhalten

Meine feste Überzeugung ist, dass unsere Probleme daher rühren, dass sich jemand an der einen oder anderen Stelle im Leben in ungeeigneter Art und Weise verhält. Es ist also das Verhalten, durch das die Probleme verursacht werden. Wenn jemand in seinem Leben etwas verändern möchte, wenn er bereit ist, seine Probleme zu überwinden, dann benötigt er ein neues Verhalten, das in den jeweiligen Situationen angemessener ist. Noch einmal ganz konkret und sehr deutlich: Jeder von uns darf lernen, in den wichtigen Momenten des Lebens etwas anderes zu tun.

Deswegen macht es überhaupt keinen Sinn, dass ich theoretisch darüber rede, was jemand anders machen könnte, wenn er es anders machen wollen würde. Denn wir Menschen sind Gewohnheitstiere und wir verhalten uns typischerweise so, wie wir uns immer verhalten. Das Verhalten zu verändern, indem wir mit jemand anderem darüber sprechen, was wir theoretisch verändern müssten, ist in den allermeisten Fällen nicht aussichtsreich.

Wir dürfen konkret lernen, ein neues Verhalten zu zeigen, etwas anderes zu tun. Und während sich jemand dann anders verhält, lernt das Gehirn, genauer gesagt das Unterbewusstsein, wie dieses neue Verhalten funktioniert und dass sich damit neue Ergebnisse erreichen lassen. Genau um dieses neue Verhalten und die dazugehörigen neuen, unterbewussten Strategien geht es in guten Seminaren.

Ich möchte das lieber alleine lösen

Was sind die Alternativen, die zur Verfügung stehen? Da ist zunächst die Möglichkeit – und das dürfte die am liebsten gewählte sein –, dass ein Mensch es einfach allein hinbekommt. Für die allermeisten Menschen dürfte das sogar die Erwartung an sich selbst sein, denn in unserer Gesellschaft gehört das zu den unausgesprochenen Grundregeln, vielleicht für Männer noch mehr als für Frauen. Ängste, Sorgen und Probleme im Alltag, die Überforderung mit der einen oder anderen Situation, all das sind in unserer Gesellschaft Themen, die der Einzelne auf jeden Fall und unter allen Umständen für sich selbst in den Griff bekommen muss. „Ich bin doch nicht verrückt!", das denkt jetzt der eine oder andere Leser vielleicht. Es ist in unserer Gesellschaft einfach verpönt, sich Hilfe suchend an andere Menschen zu wenden, es nicht allein hinzubekommen.

Ein Fall für die Therapie?

Es gibt noch einen anderen Grund, warum wir uns nicht helfen lassen, wenn wir depressiv sind oder unsere emotionalen Probleme nicht in den Griff bekommen. Ärztliche oder psychologische Betreuung steht in unserer Gesellschaft nicht ganz so hoch im Kurs, um es einmal vorsichtig zu formulieren. In Amerika ist das seit vielen Jahren anders, hier gilt es als vollkommen normal, regelmäßig zu einem Gesprächstherapeuten zu gehen und sich von ihm beraten zu lassen. Jetzt glaube ich persönlich nicht daran, dass das amerikanische Modell unbedingt ein Vorbild für uns werden muss, weil ich auch viele Menschen kenne, bei denen selbst jahrelange Therapien keinerlei Fortschritt beziehungsweise Veränderungen in ihrem Verhalten bewirkt haben. Der Punkt, um den es mir geht, ist ein anderer: Mir ist es wichtig, dass sich die Menschen mutig auf den Weg der Veränderung begeben und dabei auch Hilfe annehmen. Je nachdem, um welches

Problem es geht, kann diese Hilfe eben auch die ärztliche oder psychologische Betreuung bedeuten.

Doch ich sehe auf der anderen Seite seit vielen Jahren vor allen Dingen den Punkt, dass die Menschen von ihren ganz alltäglichen Herausforderungen und Problemen überfordert sind. Was uns in meiner Welt fehlt, sind Angebote, die wie eine Lebensschule dafür sorgen, dass wir damit umgehen können. Natürlich wäre das üblicherweise die Aufgabe der Eltern, sie hätten uns seinerzeit zeigen sollen – zumindest war das die Idee –, wie wir mit dem Leben umgehen können. Ich kann retrospektiv sagen, dass meine Eltern von ihrem eigenen Leben überfordert waren und ich habe volles Verständnis dafür. Meine Eltern gehörten zu der Nachkriegsgeneration und diese Generation hatte vor allen Dingen ein Ziel: zu überleben. Zu überleben bedeutete im Wesentlichen, immer genug Geld zu verdienen, ein Dach über dem Kopf zu haben und genug zu essen. Damit war das Leben fertig, weitere Anforderungen oder Ideen gab es nicht.

Der nötige Wandel
darf in jedem stattfinden

Ich habe an dieser Stelle keine Frage, unsere gesamte Gesellschaft – und damit meine ich die Industrienationen – hat sich vor rund 200 Jahren auf einen Holzweg begeben, der sich gerade als sehr problematisch für die gesamte Menschheit herausstellt. Doch meine Idee von der persönlichen Veränderung hat einen ganz klaren Fokus: Wenn wir das in den Griff bekommen wollen, dann dürfen wir uns verändern, jeder von uns. In meinem Modell von Welt wird die Erde gerade bevölkert von einer Menschheit, bei der der Einzelne vor allen Dingen schlecht mit sich selbst umgeht und solange wir uns selbst schlecht behandeln, gibt es für die Welt keine Lösung.

Wenn ich also davon spreche, dass ich glaube, dass jeder sich verändern darf, dann geht es mir vor allen Dingen darum, dass ich den Menschen beibringen möchte, wie sie sich selbst liebevoll behandeln können. Jeder darf lernen, seine Ängste zu überwinden und Methoden zu finden, mit denen er nachhaltig glücklich wird. Erst wenn möglichst viele Menschen gelernt haben, sich selbst liebevoll zu behandeln und sich genug zu sein, sich also wirklich als einen wundervollen, großartigen, liebevollen und fantastischen Menschen empfinden, gibt es Hoffnung für die Erde.

Was wir im Außen beobachten können, die massive Ausbeutung der Ressourcen, die Zerstörung der Umwelt, die Raffgier der meisten Menschen und die Bereitschaft, sich gegenseitig auszubeuten und alles an sich zu reißen, was man nur an sich reißen kann, all dies ist die Folge davon, dass die Menschen sich selbst nicht mögen. Niemand braucht zu lernen, andere Menschen zu lieben, der erste Schritt ist in meiner Welt der, dass wir lernen dürfen, uns so anzunehmen, wie wir eben sind, jeder für sich. Wir brauchen nicht zu warten auf den Tag, an dem sich egoistische und hinterhältige Politiker verändert haben und sie endlich bereit sind, wirklich zu unserem Wohl zu handeln. Wir brauchen nicht darauf zu warten, dass selbstsüchtige und gierige Wirtschaftsbosse den Kurs ändern und sich wirklich dafür einsetzen, dass wir alle glücklich werden und gesund. Der einzige Mensch, der etwas verändern kann, das ist jeder Einzelne von uns.

Verloren in der Welt?

Doch es ist keine Frage, ganz viele Menschen fühlen sich einfach verloren in der Welt, sie haben keine genaue Idee, wo sie hingehören, welches der richtige Beruf für sie ist, ob es tatsächlich eine Berufung für sie gibt, einen Ort, der genau richtig für sie ist. Doch wenn ich davon ausgehe, dass Leben sinnvoll ist und dass wir hier aus einem Grund sind, sozusagen einem höheren und sehr wichtigen Grund, dann würde das eben auch bedeuten, dass es eine Stelle für jeden von uns gibt, an die wir perfekt passen, die sozusagen geplant war. Auch dafür habe ich keinerlei Beweise! Aber für mich bedeutet zu leben, dass wir diese Stelle finden dürfen.

So bin ich absolut davon überzeugt, dass jeder von uns mit seinen einzigartigen Eigenschaften und Fähigkeiten optimal geschaffen ist für das Leben auf diesem Planeten und für die Stelle, an die er passt. In der Literatur findet sich immer wieder das Modell eines großen Mosaiks, das eben aus unendlich vielen kleinen Steinen besteht. Oder das Modell eines unendlich großen Webstuhls, bei dem jeder von uns ein Faden ist mit dem Leben, das wir heute leben. In diesem Kunstwerk zählt jeder Stein beziehungsweise jeder Faden. Nur dann, wenn jeder seine Ängste überwindet und seine einzigartigen Fähigkeiten und Eigenschaften zum Wohl der anderen einsetzt, wird das Gesamtkunstwerk entstehen.

Einen neuen Weg finden

Ich habe in meiner Tätigkeit als Trainer Tausende von Menschen dabei begleitet, einen neuen Weg für ihr Leben zu finden. Einige von ihnen haben mit relativ kleinen Schritten angefangen, indem sie zum Beispiel ihren Keller aufgeräumt haben oder ein seit vielen Jahren geliebtes Hobby, das sie nicht mehr verfolgt haben, wieder aufzunehmen. Andere haben einfach nur begonnen, ein Buch zu schreiben, was sie schon seit vielen Jahren vorhatten. Und dann gibt es natürlich auch die Menschen, die nach dem Besuch meiner Seminare eine Weltreise gemacht haben oder sich ganz aus dem „normalen" Leben zurückgezogen haben. Einige haben ihre Häuser verkauft, sich dafür ein Boot gekauft oder ein Reisemobil, mit dem sie seitdem irgendwo auf der Welt unterwegs sind. Ich erinnere mich an eine

Teilnehmerin, die ihren Job in einer Werbeagentur fallen gelassen hat, um für zwei Jahre lang auf einer Alm zu arbeiten und dort die Gäste zu betreuen. Das war schon seit der Kinderzeit einer ihrer Träume und sie hat ihn wahr gemacht.

Doch das sind nur ganz extreme, herausragende Beispiele. Viel wichtiger sind die anderen Veränderungen, von denen diese Menschen mir bei weiteren Seminarbesuchen oder in den vielen E-Mails berichten, die mich tagtäglich erreichen. Da geht es um den besseren Austausch mit dem Partner, es geht um einen neuen Stil in der Kindererziehung. Manche trauen sich nach dem Seminar zum ersten Mal, sich selbst und dann dem Chef einzugestehen, dass sie eine bestimmte Aufgabe nicht mögen oder dass sie gerne in eine andere Abteilung des Unternehmens wechseln würden. Sind diese kleineren Schritte etwa weniger wert? Ich bin sicher, dass das nicht so ist, denn das alltägliche Leben besteht ja eben aus den alltäglichen Situationen, den Handlungen, die dann eben eine nach der anderen das ganze Leben bilden. Wir brauchen nicht die große Gesamtsituation zu ändern, wir dürfen einfach nur an möglichst vielen kleinen Stellen das Verhalten ändern.

Sport machen, backen, den Garten gestalten ...

Über die Jahre habe ich dann noch viele Beispiele für größere Projekte gesammelt, denn einige Teilnehmer haben etwa ihre Liebe zum Backen oder Kochen entdeckt, einige spielen mit anderen Methoden als früher Klavier und genießen es zum ersten Mal in ihrem Leben. Wieder andere gestalten den eigenen Garten um und lernen so Schritt für Schritt, durch immer neues Verhalten richtige Profis in dieser Disziplin zu werden. Ein Teilnehmer schrieb mir vor wenigen Tagen, dass er nach dem Fortgeschrittenenseminar bei mir jeden Tag Sport macht, stolz auf sich ist und sein Körper sich komplett umforme. Dazu hatte er sich in den vergangenen 30 Jahren nie aufraffen können. Wieder andere Teilnehmer entdecken das Malen für sich und beginnen, mit Farben und Hintergründen zu experimentieren. Diese neuen Freizeitgestaltungen bedeuten dann eben nicht eine komplette Umgestaltung des bisherigen Lebens, doch was alle berichten, ist, dass sie so viel glücklicher geworden sind durch die neuen Tätigkeiten, die bessere Kommunikation und den Umgang mit sich und anderen. So sieht die Veränderung aus, die ich vor allen Dingen meine.

Wenn ich also davon spreche, dass jeder von uns seinen Platz finden darf, dann geht es keineswegs darum, dass wir unser aktuelles Leben hinschmeißen und alles neu machen müssen. Im Gegenteil rate ich als Trainer von solchen harten Schritten sogar ab. Oft geht es einfach nur darum, von da, wo wir sind, einen oder mehrere erste Schritte in die richtige Richtung zu machen. Für mich handelt das Leben nicht davon, dass wir revolutionäre Veränderungen vornehmen und sozusagen das Ruder hart hin und her reißen. Ich halte es für ganz viele von uns für den viel besseren Weg, die kleinen Veränderungen herbeizuführen, jeden Tag ein bisschen etwas anders zu machen als bisher und natürlich auch die Baustellen in Ordnung zu bringen, von denen wir vielleicht schon seit Jahren wissen, dass sie endlich in Ordnung gebracht werden dürfen.

Die tägliche Veränderung bringt die großen Erfolge

Ich kann jedenfalls aus meinem Leben berichten, dass das genau das ist, was ich immer wieder getan habe und was mir die größten Erfolge beschert hat. Ja, auch in meinem Leben gab es große Veränderungen, wie etwa meine beiden Scheidungen, die keineswegs so verlaufen sind, wie ich mir das gewünscht hätte. Rückblickend kann ich von beiden Scheidungen profitieren, weil ich mich offensichtlich in den anderen Menschen geirrt habe, mit denen ich zusammengelebt habe. Als Trainer kann ich außerdem viel besser nachvollziehen, was ein Teilnehmer bei einer Scheidung durchmacht, die nicht gut verläuft. Sicherlich waren meine Scheidungen große Veränderungen in meinem Leben. Doch wenn ich heute zurückschaue auf die vergangenen 30 Jahre, dann haben mich die kleinen Veränderungen viel weiter vorangebracht und zu einem ganz anderen Menschen gemacht.

So habe ich beispielsweise angefangen, Sport zu treiben, was für mich lange Jahre ein Gräuel war. Ich konnte mich nach dem Schulsport einfach nicht aufraffen, mich körperlich zu bewegen und anzustrengen. Die Schule hatte es geschafft, mich so negativ zu beeinflussen, dass ich jede Art von Bewegung für unangenehm ätzend hielt. Keine Frage, da ich damals 170 Kilo wog, was trotz meiner Körpergröße von zwei Metern viel zu viel ist, hätte es gar keine Möglichkeit für einen radikalen Umschwung gegeben.

Wenn ich mit dem viel zu hohen Körpergewicht extrem viel Sport getrieben hätte, wäre ich damals vermutlich einfach tot umgefallen. Stattdessen habe ich damals angefangen, mich einfach an jedem Tag ein bisschen zu bewegen. Anfangs war es nur eine halbe Stunde und die hat mich schon ziemlich aus dem Takt gebracht. Doch dann wurde es immer mehr und intensiver. Auch wenn ich heute sicherlich kein Hochleistungssportler bin, weil ich einfach nicht die nötige Disziplin habe und es sich nicht richtig für mich anfühlt, so fühle ich mich doch in meinem Körper wohl und habe das Gefühl, dass ich sportlich meistens ganz gut unterwegs bin.

Glück ist das wichtigste Kriterium

Um es noch einmal deutlich zu sagen: Mir geht es hier nicht um den Vergleich mit anderen Menschen und die Frage, ob diese mehr leisten, größere Gewichte heben und weiter laufen können als ich. Mein Maßstab bin ausschließlich ich selbst, was im Übrigen eine wichtige Voraussetzung für das Glücklichsein im Leben ist.

Wie man die richtigen Vorbilder findet

Natürlich gibt es viele Vorbilder oder zumindest solche Menschen, die sich für Vorbilder halten. Einige von ihnen veröffentlichen Onlinekurse oder halten große Reden vor Tausenden Menschen und wollen sich dadurch qualifizieren, dass sie viel Geld haben oder eben viele Menschen ihnen zuhören. Ist das eine geeignete Qualifikation? Das hängt davon ab, was ich im Leben erreichen möchte.

Denn oft genug werden diese Vorbilder versuchen, einem ihren Weg zu erklären, der sie zum Reichtum geführt hat, und dazu gibt es auch ganz viele Bücher. Das ist schön und gut, nur hat das eben nur mit ihnen zu tun und nicht mit mir. Ihre Glaubenssätze gelten für mich nicht und damit helfen mir auch ihre Methoden nicht. Es ist immer wieder der Unterschied zwischen einer neuen Struktur und einem Inhalt. Der Inhalt ist nicht übertragbar und eben dementsprechend oft auch nicht hilfreich.

Inhalt und Struktur
darf man lernen zu trennen

Es gilt eben immer wieder, diesen Unterschied zwischen dem Inhalt und der Struktur zu lernen und im Alltag zu erkennen. Glücklich zu werden hat eine Struktur und viele dieser Muster sind in diesem Buch erwähnt worden. Je besser ich also die Struktur erkenne, die mich bisher unglücklich gemacht hat, umso leichter kann ich ein besseres Verhalten finden, das eine neue Struktur hat. Es ist das Verständnis dessen, was hinter den Kulissen abläuft, das entscheidend ist für die persönliche Veränderung.

Es geht nicht von heute auf morgen

Natürlich würden wir gerne morgen früh aufwachen in den Armen eines wundervollen, perfekt aussehenden, liebevollen Menschen, wir wären reich, potent und schön, schlank und sportlich natürlich auch unendlich glücklich, und das für immer. Wenn es eine Tablette gäbe, mit der sich das über Nacht erreichen ließe, würden Menschen dafür ihr ganzes Leben und alles Geld geben, das sie besitzen, da bin ich mir sicher. Doch Leben ist nicht so und ich kann sagen, dass ich für immer auf dem Weg sein werde.

Übung macht den Meister

Ich habe auch in Sachen unterbewusste Strukturen viele Jahre üben dürfen, so wie ein Fußballer fünf Millionen Mal üben darf, das Tor aus jeder beliebigen Situation und Position zu treffen. Und ich übe immer weiter, jeden Tag. So gebe ich seit 20 Jahren 150 bis 180 Trainingstage im Jahr, das ist doppelt so viel wie die meistbeschäftigten Kollegen, die ich habe.

Wenn einer von denen einen oder zwei Anfängerkurse im Jahr gibt, dann gebe ich in derselben Zeit fünf oder sechs. So sammele ich bis zu sechsmal mehr Erfahrung als die anderen in derselben Zeit, und das ist der Grund, warum ich mein Handwerk besser beherrsche als die meisten anderen. Dass die lauter schreien, das gehört wohl dazu, viele kompensieren mangelnde Erfahrung mit Lärm und großen Marketingaktionen. Probleme zu haben, das scheint wirklich zum Leben als Mensch dazuzugehören. Die entscheidende Frage, die sich jeder von uns von Zeit zu Zeit stellen darf, ist eine andere: Habe ich in den vergangenen Monaten oder Jahren in Bezug auf diese Themen einen überprüfbaren Fortschritt gemacht?

Leben heißt, Probleme zu lösen

Denn dazu gibt es eine ganz wichtige Beobachtung, die ich gemacht habe: Viele Menschen haben ihr ganzes Leben lang immer dieselben Probleme. Ich kann das sehr gut bei meinen Eltern und auch bei ihren Bekannten nachvollziehen.

Alle Menschen, die ich als Jugendlicher kennengelernt habe, schienen mindestens in den 20 Jahren, in denen ich ihr Leben aufmerksam verfolgt habe, immer dieselben Probleme zu haben. Manche Familien hatten Geldsorgen, andere hatten gesundheitliche Probleme, wieder andere hatten Streitigkeiten in der Familie, einige waren übergewichtig und andere waren einfach generell depressiv und unglücklich in ihrem Leben.

Niemand hat seine Themen damals dauerhaft gelöst

Erstaunlicherweise habe ich in dieser Zeit als junger Mensch niemanden kennengelernt, der in der Lage war, seine Probleme nachhaltig zu überwinden, um dann zum Beispiel Probleme in einem anderen Lebensbereich zu haben. Ich kann das hier mal eben so schreiben und doch höre ich von meinen Teilnehmern immer wieder, dass es ihnen gar nicht bewusst war, dass genau das auch für die Menschen in ihrer Umgebung und eben oft auch für sie selbst stimmt.

Deshalb ist die eigene kritische Prüfung – selbstverständlich verbunden mit der nötigen Ehrlichkeit – die absolute Voraussetzung, um an dieser Stelle im Leben weiterzukommen. Denn es ist gar nicht schlimm, sich selbst einzugestehen, dass es keinen oder bestenfalls geringe Fortschritte gibt. Es bedeutet doch einfach nur, dass man noch nicht das richtige neue Verhalten gefunden hat, um dem Problem Herr zu werden.

Oder müssen Probleme etwa unlösbar sein?

Natürlich lässt sich aus der Beobachtung auch ein anderes Fazit ziehen: Es könnte ja auch sein, dass es in der Natur von Problemen liegt, dass sie von uns normalen Menschen nicht gelöst werden können. Ich bin mir gar nicht so sicher, ob das vielleicht der eine oder andere Mensch tatsächlich so sieht. Viel wahrscheinlicher scheint mir allerdings, dass den meisten Menschen die nötige Bewusstheit fehlt, um ihr eigenes Leben aus einigem Abstand zu beobachten und dann eben nach einigen Jahren zu bemerken, dass sie mit ihren Herausforderungen und Problemen nicht wirklich weiterkommen.

Wenn ein Mensch zum Beispiel in der Schule feststellt, dass er mit einem Fach nicht so gut klarkommt, dann wird er zunächst versuchen, dieses Fach abzuwählen, sich etwa für einen anderen Zweig zu entscheiden oder vielleicht sogar die Schule zu wechseln, um mit diesem Fach nicht mehr konfrontiert zu sein. Das Vermeiden der Herausforderung scheint eine der wichtigsten Lösungsstrategien vieler erwachsener Menschen zu sein. Aber im richtigen Leben lassen sich ganz viele Herausforderungen eben nicht vermeiden, sie können nicht übertüncht werden. Das gilt für finanzielle Probleme genauso wie für Übergewicht, der Einzelne kann zwar so tun, als wäre es gar nicht so schlimm, und er wird sicherlich den Menschen in seiner Umgebung auch gute Argumente dafür liefern, die diese These unterstützen. Doch in der Selbstschau helfen diese Lügen nicht, weil wir eben vor uns selbst nicht weglaufen können.

Vor dem Hintergrund der Strategien, die die meisten von uns in der Schule gelernt haben, dürfen wir aber unter keinen Umständen zugeben, dass wir einfach schachmatt sind, dass wir keine Idee haben, mit welcher neuen Verhaltensweise wir das Problem lösen können oder wie wir diese neue Verhaltensweise kontinuierlich ausführen können. Das ist dann wiederum die Stelle, wo Wissen nicht hilft. Übergewichtige Menschen wissen, dass sie weniger essen sollten, und sie wissen auch, dass andere Nahrung andere Resultate bringt. Die Fähigkeit, die diese Menschen aber häufig nicht beherrschen, ist, sich dauerhaft dazu zu motivieren, sich anders zu ernähren und weniger zu essen. Und so verhält es sich eben mit den anderen Problemen auch, die Menschen ein Leben lang begleiten können.

Es gibt wichtige Voraussetzungen

Damit wir allerdings Probleme überwinden können, müssen in meiner Welt zwei Voraussetzungen unbedingt erfüllt sein:

1. Wir müssen uns eingestehen, dass wir die Lösung mit den uns zur Verfügung stehenden Mitteln nicht selbst herbeiführen können.

2. Wir dürfen bereit sein, ein neues Verhalten auszuprobieren, um das Problem zu lösen.

Das sind nun zweifelsohne triviale Aspekte, die sich aus dem zuvor Genannten ergeben. Doch sie scheinen für die allermeisten Menschen eine unüberwindbare Hürde darzustellen. Es ist in unserer Gesellschaft absolut verpönt, sich und anderen eine Schwäche einzugestehen. Und da viele von uns eben versuchen, mit tarnen, tricksen und täuschen durchs Leben zu kommen, gibt es eben auch eine ungeheuer große Nachfrage nach kosmetischen Lösungen. Wenn ich allein an die Branche denke, in der ich selbst unterwegs bin, würde ich vorsichtig schätzen, dass 95 Prozent der Angebote nur darauf abzielen, dass Menschen sich kurzfristig besser fühlen und weiterhin mittel- und langfristig ihre Probleme nicht lösen können.

An dieser Stelle gibt es einen sich negativ verstärkenden Zirkel: Wir wollen nicht schuld daran sein, dass wir unser Problem nicht lösen können. Denn Schuld muss unter allen Umständen vermieden werden. Also buchen wir ein Seminar, das vielleicht auch noch richtig teuer ist. Vielleicht machen wir bei diesem Seminar einen Feuerlauf oder der Trainer weist uns an, uns als Adler zu fühlen oder uns die Kehle aus dem Leib zu schreien, sodass wir die nächsten drei Tage nicht vernünftig sprechen können, weil wir vom Schreien heiser sind.

Damit haben wir den Beweis erbracht – zumindest scheinbar –, dass wir wirklich bereit sind, uns mit dem Thema auseinanderzusetzen und das Problem zu lösen. Leider funktioniert das dann am Ende doch nicht, der Adler stürzt ab, denn wir sind keine Adler, wir sind Menschen. Aber jetzt, nachdem wir so viel Geld ausgegeben haben, kann uns natürlich niemand mehr einen Vorwurf machen, dass wir es nicht wenigstens versucht haben.

Der Schein muss gewahrt werden

Das ist etwas, was sich in unserer Gesellschaft an ganz vielen Stellen beobachten lässt: Wir müssen den Schein waren, müssen so tun, als würden wir ganz viel arbeiten, rufen unsere Eltern an, um ihnen vorzugaukeln, dass wir uns für sie wirklich interessieren oder sie sogar lieben, obwohl wir nur unser eigenes Gewissen befriedigen, und kaufen unseren Kindern einen Fahrradhelm und zwingen sie dann auch, diesen zu tragen. Damit geben wir vor, dass es uns so unendlich wichtig ist, dass unsere Kinder geschützt sind. Doch seltsam ist dabei, dass wir den Kindern keine Leder-kombi kaufen. Denn seien wir mal ehrlich: Wenn eines unserer Kinder mit etwas höherer Geschwindigkeit mit dem Fahrrad verunglückt, dann ist es natürlich schön, wenn der Kopf durch einen Helm geschützt ist. Wenn es uns aber wirklich daran liegen würde, dass unserem Kind nichts passiert, dann müssten wir unbedingt ganz andere Schutzmaßnahmen ergreifen.

Wenn ich Eltern in meinen Seminaren mit diesem Thema konfrontiere und sie ein bisschen nachdenken und ehrlich sind, dann geben sie zu, dass sie den Kindern nur deshalb einen Fahrradhelm aufziehen, damit sie im Falle eines Unfalls sagen können, dass sie ja alles gemacht haben, was man typischerweise tun muss. Es geht also sogar an dieser Stelle um das Vermei-den von Schuld und gar nicht so sehr darum, den geliebten Nachwuchs vor Verletzungen zu schützen.

Schön zu sein ist auch ganz wichtig

Ein anderes Beispiel: Viele Menschen empfinden sich selbst nicht als schön und das mag nicht zuletzt daran liegen, dass wir alle praktisch jeden Tag den wunderschönen Models aus den Illustrierten ausgesetzt sind. Von den Plakatwänden lachen sie uns mit strahlend weißen Zähnen an, überall finden wir Anzeigen und große Reklametafeln, auf denen diese perfekten Menschen zu sehen sind. Wer soll sich vor dieser Konkurrenz noch schön finden können? Die Folge davon ist, dass ganz viele Menschen sehr viel Geld dafür ausgeben, sich von Ärzten schöner operieren zu lassen. Da wer-den Nasen korrigiert, Falten weggespritzt oder glatt gezogen, Brüste klei-ner oder größer gemacht, das Angebot an Operationen umfasst praktisch den gesamten Körper.

Den Patienten, die sich von diesen Ärzten operieren lassen, ist meistens schon vorher klar, dass sie nach der Operation weiterhin nicht so aussehen werden wie das Modell, dessen Bild im Übrigen mit Photoshop in aller Regel sehr gründlich nachgearbeitet worden ist.

Aber auch in diesem Bereich vermute ich, dass es um dasselbe Thema geht: Wir wollen, möglichst ohne unser Verhalten zu verändern, eine neue Lösung herbeiführen. Und je teurer die Operationen dann sind, desto stolzer berichten wir davon. Auch dies ist ja wieder ein Hinweis darauf, dass wir für das Problem „wir fühlen uns hässlich" eine wirklich teure Lösung versucht haben. Dass die dann nicht funktioniert hat, dafür können wir ja nichts. Das ist eben einfach ein Fehler der Natur, wenn wir nicht so schön geboren worden sind wie eben diese bewundernswerten und wunderschönen Modelle.

Muss es leicht sein?

Ich darf mir natürlich auch als Trainer die Frage gefallen lassen, ob die persönliche Veränderung nicht unbedingt leicht sein muss, wenn sie mit den anderen vorhandenen Angeboten in irgendeiner Weise konkurrieren will. Deshalb habe ich viele Jahre daran gearbeitet, meine Seminare so zu gestalten, dass ich die unterbewussten Prozesse und Strategien meiner Teilnehmerinnen und Teilnehmer verändern kann, sodass sich in der Folge davon ihr Verhalten verändert. Viel leichter geht es nicht mehr. Gleichzeitig ist allerdings immer noch die Ehrlichkeit des Einzelnen gefragt und seine Mithilfe, das heißt konkret die Bereitschaft, die Verantwortung für das eigene Verhalten zu übernehmen und gleichzeitig auch darauf zu achten, nicht mehr in das alte Verhalten zurückzufallen, selbst wenn das in der einen oder anderen Situation leichter ist, als sich auf das neue Verhalten zu konzentrieren.

Jeder Mensch darf also hinschauen, ganz ehrlich und offen mit sich selbst sein und sich eingestehen, ob er bereit ist, sein Leben wirklich zu verändern. Natürlich wäre es viel einfacher, wenn alle Menschen dieselben Probleme hätten, denn dann könnten wir uns auf die Position zurückziehen, dass es eben für diese Themen keine Lösung gibt, weil wir ja nicht die einzigen sind, die dieses Problem haben. Und vielleicht wäre es hilfreich, wenn sich der eine oder andere von uns gezielt Freunde suchen würde, die genau dieselben Probleme haben wie er. Dann würde es zumindest in seinem kleinen Umfeld die Wahrnehmung geben, dass tatsächlich bestimmte Probleme nicht lösbar sind. Doch andere Menschen zu treffen ist natürlich – so kann man das Ganze eben auch sehen – eine wundervolle Möglichkeit, für sich selbst neue Problemlösungsstrategien zu finden.

Unsere Probleme kleben an uns fest

Das führt uns zum einen zu einer Erkenntnis, die Joe Vitale in einem seiner Hörbücher herrlich zusammenfasst: „Hast du schon einmal festgestellt, dass die meisten deiner Probleme eine Tendenz haben, sich in deiner Umgebung aufzuhalten." Das bedeutet, dass jeder von uns offensichtlich eine Problemkompetenz hat, die sich auf einen bestimmten Bereich konzentriert. Das führt auch dazu, dass viele von uns der Meinung sind, die Probleme der anderen Menschen sehr leicht lösen zu können. Nur die eigenen Probleme werden als schwierig und unlösbar empfunden.

Doch der andere Aspekt dieser Beobachtung ist in meiner Welt noch viel wichtiger: Es lässt sich beobachten, dass die allermeisten Menschen ihre Themen ihr ganzes Leben lang nicht gelöst bekommen. Das ist zugleich die Antwort auf die Frage, warum ich meine Seminare gebe, den Podcast mache und unter anderem dieses Buch schreibe. Ich habe Wege gefunden in meinem eigenen Leben, meine Probleme zu überwinden.

Sicherlich ist mir das bei dem einen oder anderen Problem nicht von heute auf morgen gelungen.

Es hat mich viele Jahre gekostet, von meinem Übergewicht runterzukommen und schlank und sportlich zu werden. Aber ich kann mit Gewissheit sagen und beweisen, dass dies eines der Probleme ist, die ich gelöst habe. Oder ich hatte nach meinem ersten großen Demanifestationsprogramm, umgangssprachlich „Scheidung" genannt, erhebliche Schulden bei der Bank. Das kannte ich von meinen Eltern, die auch zwischen ihrem 30. und ihrem 60. Lebensjahr zum Teil hoch verschuldet waren und sich zeitlebens arm fühlten.

Also kopierte ich das und hatte auch echte Geldsorgen und ständige Angst vor der Bank und den Gesprächen über neue Kredite. Bis ich mein Verhalten änderte und nun seit vielen Jahren keinerlei Schulden mehr habe und immer genug Geld für alles, was ich mir kaufen möchte und niemals von einer Bank abhängig bin. Das sind nur zwei Beispiele und ich habe noch Hunderte andere, kleinere Themen, die ich gelöst habe für mich, indem ich mein Verhalten mit den Methoden geändert habe, die ich den Menschen in meinen Seminaren beibringe.

Veränderung durch große Ziele oder große Schmerzen?

Die Reise beginnt für die meisten von uns mit der Frage, ob die Schmerzen schon so groß sind, dass eine Veränderung wirklich nötig ist. Doch es gibt auch eine alternative Motivation: Große Ziele können uns Menschen auch motivieren, eine Veränderung zu erreichen. Im Alltag sind allerdings Menschen mit großen Zielen insbesondere in unserer Gesellschaft selten anzutreffen, das ist zumindest meine Beobachtung.

Wenn ich zum Beispiel in den USA bin, dann nehme ich sehr viel stärker wahr, dass die Menschen sich große Lebensziele setzen und interessiert daran sind, diese auch zu erreichen. Große Ziele gelten in diesem Land als etwas Besonderes. In Deutschland sieht das meiner Meinung nach anders aus. Wir haben keine große Vision fürs Leben, wir sind eher Meister darin, Probleme zu finden und dann mit unglaublich viel Anstrengung, Härte und Disziplin ein bisschen daran zu arbeiten, dass diese Probleme nicht ganz so schlimm sind. Wir scheinen dabei nicht zu bemerken, dass wir uns immer neue Probleme schaffen, neue Abhängigkeiten. Aber das ist ja nicht so richtig das Thema dieses Buches, hier geht es ja um das persönliche Glück.

Eine ganz normale Unzufriedenheit reicht nicht

Für den Einzelnen ist es nicht so wichtig, ob die Schmerzen so groß sind, dass eine Veränderung unvermeidbar ist oder ob dieser Mensch so große Ziele hat, dass sich die Veränderung dafür lohnt. Festhalten lässt sich aber, dass unser menschliches Gehirn nur dann zu einer Veränderung bereit ist, wenn die entsprechende Energie vorhanden ist. Ganz konkret bedeutet das, dass eine ganz normale Unzufriedenheit vermutlich nicht ausreicht, um die nötige Motivation aufzubringen, ein neues Verhalten zu trainieren. Wir sind Gewohnheitstiere und das menschliche Gehirn mag einfach die Dinge, die gleich bleiben. Das gibt uns Menschen ein Gefühl der Sicherheit und das bedeutet eben auch, dass wir uns auf irgendeiner Ebene sehr wohlfühlen, wenn wir jeden Tag ein Stück Torte essen, auch wenn wir logisch längst wissen, dass uns das nicht guttut und für ein angenehmes, glückliches und schönes Leben nicht förderlich ist.

Damit komme ich zu einem sehr wichtigen weiteren Aspekt, den es bei der persönlichen Veränderung zu beachten gibt. Ich habe dafür ein Beispiel, das sicherlich vielen Menschen nicht gefallen wird, aber mir ist es wichtiger, hier die Wahrheit zu sagen, als eine Illusion aufrechtzuerhalten. Wenn wir ganz ehrlich zueinander sind, dann ist wirklich jedem von uns klar, dass Speiseeis nicht gesund ist. Ich weiß schon, man kann die Hoffnung haben, dass in der gefrorenen Masse doch irgendwo das eine oder andere Vitamin enthalten ist, das dann im Magen seine volle Wirkung entfalten kann. Aber die Wahrheit ist, dass in diesem Speiseeis, selbst wenn es sich um Zitronen-, Erdbeer- oder Himbeereis handelt, wirklich keine Vitamine oder in irgendeiner Weise positive Stoffe enthalten sind. Das weiß nun wirklich jeder und ich möchte mich in aller Form entschuldigen, wenn ich damit den einen oder anderen Leser dieses Buches nachhaltig desillusioniert habe. Entschuldigung!

Trotzdem essen die meisten von uns ab und zu mal Speiseeis, insbesondere das leckere von dem Italiener, der wirklich das originale italienische Eis nach einem überlieferten Rezept seiner Familie herstellt, was es übrigens auch nicht gesünder macht. Und das bedeutet am Ende nur eins: Hilft nicht bei der Veränderung! Und das erklärt auch, warum wir noch so viele Bücher lesen und noch so viele Onlinecoachings buchen können, sie werden in aller Regel kein neues Verhalten hervorbringen können. Das liegt nicht etwa daran, dass wir nicht wissen, dass uns ein neues Verhalten guttun würde. Wir haben einfach in der Regel nicht die Möglichkeit oder die Fähigkeit, das theoretische Wissen in die Praxis umzusetzen. Doch genau darum geht es, wenn ein Mensch seine Probleme überwinden und ein glückliches Leben führen möchte.

Warum eine Übung im Seminar nicht hilft

So wenig einen Menschen das Wissen um ein neues, geeigneteres Verhalten weiterbringt, so wenig bringt ihn eine Übung weiter. Genau das machen wir jedoch in vielen Trainings, die da draußen angeboten werden.

Eines der wohl extremsten Beispiele ist der Feuerlauf, bei dem ganz normale Menschen barfuß über heiße Kohlen laufen, was sie nie für möglich gehalten haben. Die Hoffnung der Trainer ist nun, dass ein Mensch durch diesen Feuerlauf zu der Erkenntnis gelangt, dass er auch in anderen Lebensbereichen alles erreichen kann, selbst wenn er es bisher für unmöglich hielt. Doch das ist Unsinn. Und mindestens ebenso großer Unsinn ist es, anzunehmen, dass der Teilnehmer eines Seminars sein Leben verändert, weil er in einem Seminar einmal eine bestimmte Übung mit einem anderen Teilnehmer durchgeführt hat.

Einmal Zähne putzen genügt nicht, damit der Vorgang unterbewusst abläuft. Und einmal eine bestimmte Übung durchzuführen hilft in gleicher Weise auch nicht. Die Erkenntnis, dass die Übung gut funktioniert hat im Seminar, die hilft auch nicht weiter. Menschen, die so etwas in einem Seminar machen, die nehmen nichts mit außer vielleicht ein paar Notizen oder Teilnehmerunterlagen. Die Übung machen sie nie wieder und sie zeigen im Alltag auch kein neues Verhalten.

Glück finden heißt auch verändern

In meinem Beruf finde ich an jedem Tag mein Glück, ich liebe die Menschen, liebe die Fortschritte, die sie machen, setze mich für jeden ein und entwickele all mein Wissen und Können ständig weiter. 10.000 Stunden werden angeblich benötigt, um Weltklasse in einer Disziplin zu werden. Ich glaube daran und ich habe die 10.000 Stunden in meinem Bereich definitiv gebraucht, um so gut zu werden, wie ich sein möchte.

Ich glaube, dass wir nur so gut werden können, wenn wir das tun, was wir lieben. Denn nur dann sind wir bereit, die 10.000 Stunden mit Freude und Leichtigkeit zu absolvieren, die nötig sind. Sonst ist das nur mit Disziplin und

Härte zu schaffen und die damit verbundenen negativen Energien machen den Erfolg zweifelhaft. Menschen können nämlich spüren, ob wir das lieben, was wir tun, oder ob andere, negative Energien im Spiel sind. Das merken sie vielleicht nicht sofort, doch sie kommen dahinter. Wir Menschen fühlen einander und wir bekommen es mit, wenn jemand nur ein Schaumschläger ist.

Neue Ideen für eine neue Zeit

Leider taugen also viele Vorbilder für die neue Zeit nicht mehr, auch deshalb, weil sie immer noch alte Methoden in ihrem Repertoire haben, die für die neue Zeit und die neuen Herausforderungen nicht funktionieren. Neu und anders zu lernen und vor allem auch neue und andere Dinge zu lernen, das ist das Gebot der Stunde.

Gleichzeitig dürfen wir verstehen, dass unser Gehirn nicht immer gleich auf alles reagiert, es stumpft ab, gewöhnt sich an Lebensumstände. Was mich heute glücklich macht, muss es morgen nicht mehr in gleichem Maße tun, ich darf dann wieder neue Tätigkeiten suchen, meine Fähigkeiten verbessern und ändern, ständig und immer wieder neu, das ist Leben in seiner glücklichsten Form.

Weiterlernen ist absolut wichtig

Egal wie viel und was wir schon erlebt haben, es gibt immer noch mehr zu entdecken. Wenn ich etwas gefunden habe, was uns Menschen wirklich glücklich macht, dann ist es genau das: Wenn wir immer wieder etwas Neues erleben, neue Abenteuer, kleine und große, wundervolle Menschen treffen, von denen der eine oder andere unser Freund wird, das ist wie ein Wunder. Je mehr wir unsere Ängste überwinden, desto mehr können wir lernen und desto größer werden die Sprünge, die wir machen. Dann macht uns das Leben glücklich und wir können dieses Glück mit denen teilen, die wir lieben.

Persönliche Freiheit – darum geht es am Ende

Es geht um persönliche Freiheit, denn ohne die ist ein glücklicher Zustand nicht erreichbar. Was diese Freiheit für meinen Leser bedeutet, das vermag ich nicht zu sagen, denn es ist für jeden von uns etwas anderes. Wir setzen uns verschiedene Ziele, denn wir haben verschiedene Träume, und das ist gut so. Diese Ziele streben wir an, das hat Esther Hicks vor Jahren mal sehr schön auf den Punkt gebracht, weil wir fest davon überzeugt sind, dass wir glücklicher sind, sobald wir sie erreicht haben. Glück ist immer das höchste Ziel und wir würden nicht ein einziges Ziel anstreben im Leben, wenn wir nicht davon überzeugt wären, dass es uns glücklich macht. Das ist eine ganz tolle Erkenntnis, finde ich.

Das bedeutet in dem Kontext dieses Buches, dass es nur zwei mögliche Motivationen gibt, überhaupt zu handeln: Entweder wollen wir etwas vermeiden, das uns Angst einflößt, oder wir wollen etwas erreichen, von dem wir erwarten, dass es uns glücklicher macht. Ich habe mich entschieden, was die wichtigste Motivation für mich an jedem Tag meines Lebens sein soll. Ich habe dieses Buch geschrieben, damit es meinen Leserinnen und Lesern ab heute auch so gehen kann, dass sie sich bewusst zwischen diesen beiden Alternativen entscheiden können.

Die persönliche Freiheit besteht also daraus, sich zwischen Angst und Liebe zu entscheiden, für Trauer oder Glück, für Depression oder dauerhafte Veränderung durch das Lernen neuer Verhaltensweisen und Fähigkeiten.

Ich wünsche jedem Menschen, dass er ein gutes Händchen bei dieser Entscheidung haben möge. Ich weiß, dass wir unser Leben verändern können und dass es egal ist, wo wir gerade stehen. Und ich weiß auch, dass es noch so viel zu entdecken, zu erleben und zu erfahren gibt. Da stehen zu bleiben, wo wir heute sind, egal in welchem Lebensbereich, das ist doch wie sterben.

Mutig in das neue Leben starten

Stattdessen sollten wir uns mutig eingestehen, was wir noch lernen sollten, was wir lernen wollen und was wir immer schon erleben wollten. Das ist der Treibstoff für ein herrliches Leben, darin liegt eine wunderschöne Motivation. So gelangt jeder von uns aus dem theoretischen Wissen zu der wirklichen Erfahrung, sein Leben in den Griff zu bekommen und gleichzeitig begeistert zu sein. Ob ich nun einfach nur am nächsten Sonntag auf dem Parkplatz des Baumarktes das Einparken übe, ob ich das ganze Wochenende mit meiner Partnerin rumknutsche, um da mal endlich was Neues auszuprobieren, oder ob ich eine Weltreise plane, bei der ich in Länder reise, in denen ich noch nie gewesen bin – das ist alles gleichwertig, denn es bedeutet, dass ich wieder lebe. Die selbst geschaffenen Mauern zu sprengen, sich wieder aufzuraffen und einfach nur den nächsten logischen oder richtigen Schritt in eine neue Richtung zu machen, das ist alles, worum es geht.

Die wichtige Entscheidung

Dann geht es jetzt nur noch um eine letzte Frage, eine superwichtige Frage, auf die ich nur zwei Antworten für möglich halte. Bin ich bereit, einen mutigen Schritt in mein neues Leben 2.0 zu machen? Hier sind die beiden Alternativen:

- Ich will so bleiben, wie ich bin.

- Ich will die Verantwortung für mich und mein Leben übernehmen. Ich bin bereit, hinzuschauen, aufzuräumen, zu lernen. Ich werde mir eingestehen, dass ich noch ganz viel lernen kann und dass Fehler passiert sind und weiter passieren werden. Ich möchte glücklich sein, so oft es nur geht, und ich möchte erfahren, wie es funktioniert, sich das Leben seiner Träume absichtlich zu erschaffen. Ich bin bereit, ehrlich hinzuschauen, mein Leben aufzuräumen, meine Ängste zu überwinden und wirklich wieder zu leben.

Welchen Weg wir heute wählen, kann unsere gesamte Zukunft verändern und wird es hoffentlich auch. Und wir können dann nie wieder behaupten, wir hätten die Wahl nicht bewusst getroffen. Also danke fürs Lesen, Zuhören, Nachdenken, danke für die Zeit, die wir mit diesem Buch gemeinsam verbracht haben!

Alles Liebe!

Dein Marc A. Pletzer

Über den Autor

Marc A. Pletzer ist seit 15 Jahren NLP Master-Trainer, er beschäftigt sich seit 30 Jahren mit persönlicher Weiterentwicklung, NLP und Hypnose. Als einziger Deutscher ist er seit über 10 Jahren Mitglied im Transformational Leadership Council (TLC), einer Vereinigung spiritueller Lehrer und Autoren. In der Welt des Neurolinguistischen Programmierens (NLP) gehört er zu den herausragenden Trainern der Welt und setzt mit seinen Weiterentwicklungen den Standard der modernen NLP-Ausbildung. Für die Society of NLP hat er die Ausbildungen zum NLP-Coach und zum NLP-HypnoseCoach erstmals entwickelt.

Er ist Vater von vier Kindern und lebt in Tutzing am Starnberger See. Seine Bücher, Hörbücher, Kartensets, Online-Seminare, Präsenz-Seminare und Vorträge sind im gesamten deutschsprachigen Raum anerkannt und erfreuen sich großer Beliebtheit. Mit seinem wöchentlichen Podcast „Marcs kleine Welt" erreicht er Menschen, die sich persönlich weiterentwickeln möchten.

Marcs Angebote findest Du am leichtesten online

**Den NLP-Practitioner
für Deine persönliche Veränderung**
findest Du hier:

**Seminare und Vorträge
im Business-Kontext**
findest Du hier:

**Marcs Blog, Podcast und
viele weitere Informationen**
findest Du hier:

**Marcs Hörbücher,
Video-Online-Kurse und Seminare**
findest Du hier:

Dieser Podcast verändert Dein Leben

Der NLP-Podcast von und mit Marc A. Pletzer

- für persönliche Veränderung
- wöchentlich, immer am Freitag
- kostenlos
- inspirierend
- persönlich
- eben Marcs kleine Welt

stöbern, anhören & abonnieren

⟶

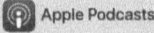 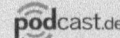

So funktioniert es, wirklich glücklich zu werden

Stell Dir vor, Du triffst eine Entscheidung, die Dein Leben in nur 10 Tagen völlig umkrempelt. Eine Entscheidung, die viele vor Dir als „die beste ihres Lebens" bezeichnet haben. Warum haben die Seminare von Marc eine derart transformative Wirkung? Sie unterscheiden sich in Dynamik, Aufbau und Konzept von allem, was Du bisher kennst. Marc setzt mit seinen eindrücklichen Geschichten, dem herzlichen Lachen und den praxisnahen Übungen Veränderungen in Gang, die tief ins Unterbewusstsein reichen. Eine begeisterte Teilnehmerin schrieb kürzlich: „Mir ist noch nie jemand begegnet, der sein eigenes Sein mit solcher Hingabe für das Wohl und Wachstum anderer Menschen zur Verfügung stellt, wie Du." Lass Dich von Marc inspirieren und gestalte Dein Leben neu.

Sichere Dir Deinen Platz
im NLP-Practitioner!

Marcs großes Lebensglück-Kartenset

Für den optimalen Dialog mit Dir selbst.

Im Alltag werden wir ständig mit Informationen überschüttet. Doch wie oft begegnen uns Fragen, die unsere Perspektive wirklich herausfordern und erweitern? Genau hier setzt Marcs Kartenset an. Stell Dir vor, in jedem Raum Deines Zuhauses und an Deinem Arbeitsplatz findest Du inspirierende Fragen, die Deinen Geist berühren und Deine Seele zum Lächeln bringen. Mit 50 großformatigen Karten (21x21 cm) und insgesamt 100 tiefgreifenden Fragen sowie einem ausführlichen Booklet. Lass Dich von der Magie der richtigen Fragen einnehmen und erwecke ein neues Level von Selbstbewusstsein und Lebensfreude in Dir.

Zum Kartenset ⟶